Frauke Niemeyer

Ein Jahr in Rio de Janeiro

W0034041

Frauke Niemeyer

Ein Jahr
in Rio de Janeiro

Reise in den Alltag

HERDER

FREIBURG · BASEL · WIEN

Originalausgabe

© Verlag Herder GmbH, Freiburg im Breisgau 2011
Alle Rechte vorbehalten
www.herder.de

Satz: Dtp-Satzservice Peter Huber, Freiburg
Herstellung: CPI Moravia Books, Pohorelice

Gedruckt auf umweltfreundlichem, chlorfrei gebleichtem Papier
Printed in Czech Republic

ISBN 978-3-451-06161-5

Inhalt

Maio

„WIE GUT, DASS DEIN FLUGZEUG schon heute Morgen gelandet ist", sagt meine Vermieterin Andreia gut gelaunt, während wir mit meinem tonnenschweren Gepäck zum Flughafenparkplatz wanken. „Am Abend ist die Straße hierher zu gefährlich – wegen der Banditen. Da hätte ich dich nicht abholen können."

Ich bin vor einer Stunde in Rio de Janeiro gelandet, ich spreche nicht sehr gut Portugiesisch. Die Übersetzung des Wortes „bandidos" indes erscheint mir unzweifelhaft: Meine Vermieterin hat mir soeben erklärt, dass sie mich wegen drohender Überfälle abends nicht abgeholt hätte. Wäre es doch besser gewesen, sich um ein Stipendium in Mainz zu bewerben? „Du hättest dann in der Wartehalle übernachten müssen, hihi", plappert Andreia weiter, und während ich noch nach dem Witz suche bei der Vorstellung, in einem von Gangstern umstellten Flughafengebäude auf meinem Koffer zu schlafen, sind wir schon am Auto.

Ein verschrammter Kleinwagen, ich tippe auf Baujahr '91. Vor Fahrtantritt befiehlt Andreia: „Knopf runter." Denn die Ausfallstraße, auf der wir nun im dichten Verkehr Richtung Stadt rollen, ist tagsüber auch nicht ohne. Das gilt jedoch, wie mir Andreia erklärt, für das gesamte Stadtgebiet. „Im Auto ist es leider nicht sicherer als zu Fuß, denn es ist ja das Auto, das die Gangster haben wollen." Im Kopf rechne ich die Wahrscheinlichkeit aus, mit der sich eine Gangsterbande aus hunderttausenden Autos auf Rios Straßen ausgerechnet einen knapp zwanzig Jahre alten Kleinwagen als Ziel ihres nächsten Anschlags aussuchen wird, und komme auf ungefähr null. Ich sollte versuchen mich zu entspannen.

Rio empfängt mich mit Morgensonne, die die Silhouette der Stadt in ein warmes, gelbes Licht taucht. Links von uns blicke ich auf die Baía da Guanabara, jene Bucht, die der Legende nach der portugiesische Kapitän Gonçalves 1502 versehentlich für eine Flussmündung hielt, da ihre Öffnung zum Meer hin sehr schmal ist.[1] Dem Seefahrer verdankt meine Traumstadt ihren schönen Namen, „Januarfluss" – Rio de Janeiro.

Von draußen dringt der Geruch von Kloake ins Auto. Angler bemühen sich, aus dem modrigen Wasser einen lebenden Fisch zu ziehen. Sie stehen mit dem Rücken zum Verkehr und halten ihre Ruten über die Brüstung. Dazu erläutert mir Andreia, dass man in der Bucht früher baden konnte, bis die Industrie begann, Abwässer einzuleiten. Weit entfernt vor uns liegen die Berge der Floresta da Tijuca, einer waldigen Gebirgskette, die Rios Zentrum sattgrün umrahmt. Und endlich! Jetzt kann ich ihn sehen: Auf dem Corcovado, dem höchsten Gipfel des Gebirges, steht „Cristo Redentor" (Christus, der Erlöser), Rios monumentaler Beschützer. In siebenhundert Metern Höhe breitet die Statue ihre Arme aus, wie segnend über der Stadt. Betörend schön. Ich bin in Rio.

Eigentlich wäre mir danach, die Situation etwas auf mich wirken zu lassen. Das hier ist meine Ankunft in Rio de Janeiro, der Stadt, die nun für ein Jahr mein Zuhause werden soll. Und nicht nur das – im Grunde soll sie für ein Jahr mein Leben bestimmen. Viel mehr habe ich mir nicht vorgenommen, als hier zu leben und zu arbeiten. Aber vor allem wünsche ich mir einzutauchen in das Treiben der Cariocas, der Einwohner von Rio.[2] Den Alltag kennenzulernen, die Menschen neben mir im Bus anzuschauen, ob sie verhärmt sind oder fröhlich. Ich möchte erfahren, was dran ist an Rios Klischees – ist die Copa tatsächlich der „hottest spot north of Havana" – wie Barry Manilow schon vor dreißig Jahren sang? Gibt es das Leben als eine endlose Strandparty im Sonnenuntergang? Und wenn ja, wäre das auf Dauer überhaupt auszuhalten?

Oder werden die Restaurants und Clubs der Stadt nur von partyhungrigen Touristen bevölkert, deren Unternehmungslust der Tatsache geschuldet ist, dass sie nicht ahnen, in welche Gefahr sie sich begeben? Und jeder, der eine portugiesische Zeitung lesen kann und weiß, wie viele Drogenkriege in Rios Straßen toben, und wie oft Unbeteiligte im Kugelhagel sterben, tut nach Sonnenuntergang keinen Schritt mehr vor die Tür und bestellt beim Pizza-Service?

Zweimal habe ich Rio de Janeiro als Touristin erlebt, für ein paar Wochen nur, und beide Male eine unerklärliche Energie verspürt, die dieser Stadt innezuwohnen schien. Leidenschaft und Dynamik gepaart zu einer Kraft, die mir fast mystisch erschien, die Abenteuer versprach, Sinnlichkeit, die mich ausgelassen machte und lebenshungrig. Ein wenig ängstigte mich diese Kraft zugleich, weil sie mich so an sich zog. Im Flieger nach Hause hatte ich damals beschlossen, irgendwann zurückzukehren, um zu bleiben. Zu erleben, ob auch diese Kraft bleibt, im Alltag, ob ich sie auch mittwochs an der Bushaltestelle spüre auf dem Weg zur Arbeit, oder ob sie nur aus der Projektion der Reisenden entsteht, die vor lauter Sonne und Samba nicht wissen, wohin mit ihrer Begeisterung.

Um all das herauszufinden, bin ich wiedergekommen, mein Jahr in Rio beginnt jetzt, am 5. Mai um 9.00 Uhr. Ein Moment, den ich so kein zweites Mal erleben werde – nicht so erwartungsvoll und ahnungslos zugleich.

Statt der Angler säumen nun Straßenhändler die Fahrbahn, mit Bonbontüten im Sortiment, Zigaretten und Erdnüssen. Mein Bedürfnis, mich diesem Moment ein bisschen hinzugeben, in Verbindung mit sechsunddreißig Stunden ohne Schlaf beeindrucken meine Vermieterin null. „Hier links siehst du ein Gebäude der Uni, wir haben mehrere in Rio, also das hier ist ... und ich hab auf der ..." – selten zuvor habe ich die Bedeutung des Wortes „Redeschwall" in solcher Perfektion umgesetzt erlebt. Mein Begehr, aus dem Fenster zu schauen und auf Standby zu schalten, wird sich nicht verwirklichen lassen. Schließlich will ich die nächsten vier Wochen als Untermieterin bei Andreia und ihren zwei Kindern leben. Da sollte ich mich an allem interessiert zeigen.

Die Umsetzung dieses an sich guten Gedankens wird schwierig: Denn Andreia redet nicht nur pausenlos, sondern auch schnell, und meinem Eindruck nach besteht das gesamte Sortiment von ihr verwandter Ausdrücke aus Variationen von „sch". Thematisch ist sie soeben beim Hafen und seiner Historie angelangt, und falls sie sich vorgenommen hat, die dreißig Seiten Einführungskapitel meines Reiseführers, „Rio – Geschichte, Politik, Ökonomie", bis zum Ende unserer Fahrt zusammenzufassen, so habe ich keinen Zweifel, dass ihr das gelingt.

Warum hatte ich während meiner Urlaube nie den Eindruck, dass die Cariocas Kommunikation mit Kamikaze gleichsetzen? Der wohl entscheidende Unterschied: Sie mussten damals mit mir englisch reden. Ein großer Teil selbst der jungen Generation tut sich mit Fremdsprachen schwer, weil sie auf den staatlichen Schulen bis heute schlecht oder gar nicht gelehrt werden. Der andere Teil, der auf teuren Privatschulen war, könnte zwar englisch reden, hat aber keine Lust, weil es so warm ist.

Auch Andreia spricht kein Englisch, sondern weiterhin eine filigrane Vermengung von „sch"-Lauten, der ich entnehme, dass sie heute Nachmittag in der Redaktion arbeitet, und dass am Abend in der Aula des Redaktionsgebäudes der Film „A Queda" gezeigt wird. Andreia und ich werden in den nächsten Wochen nämlich auch Kolleginnen sein. Bei ihrem Arbeitgeber, dem brasilianischen Medienkonzern „Globo", mache ich ein Praktikum. Während der ersten drei Monate in Rio, die mir ein Stipendium finanziert, soll ich von der Redaktion der Tageszeitung „O Globo" aus für deutsche Medien arbeiten.

Das bringt mich auf eine Idee: am späten Nachmittag einen Ausflug an meinen künftigen Arbeitsplatz zu unternehmen und dort als Abschluss meines ersten Tages unterm Zuckerhut mit lauter Brasilianern einen Nazifilm anzuschauen. Klasse. „A Queda" heißt nämlich „Der Untergang". Ein deutscher Kinofilm, der sich rühmt, Adolf Hitler privat zu zeigen – „als Mensch", und dem ich mich seit Jahren verweigere. „Du hast dir den Film nie angeschaut? Warum?", fragt Andreia, und nun sitze ich in der Falle und muss zum ersten Mal einen ganzen Satz Portugiesisch reden. Thema: Hitler. Das Dicionário ist im Kofferraum. Mein aktiver Wortschatz umfasst etwa 48 Vokabeln, die mir nun zur Verfügung stehen, um meine kritische Haltung zur Darstellung von historischen Diktatoren im Fiktionsfilm zu erklären. Zunächst muss ich Zeit gewinnen: „Acho isso dificil." (Ich finde das schwierig.) Na sieh mal an. Dann fallen mir doch noch drei portugiesische Ausdrücke ein – für „töten", „nett" und „Sekretärin". Damit lässt sich doch was machen: „Ich weiß, wie viele Menschen Hitler getötet hat, und ich wollte noch nie wissen, ob er nett zu seiner Sekretärin war." Punkt und sofortige Gegenfrage, damit ich auf keinen Fall länger reden muss – als Nächstes womöglich über den Atomausstieg oder Präimplantationsdiagnostik. „Was ist das hier rechts für ein Gebäude?", frage ich Interesse heuchelnd, und tatsächlich: Andreia übernimmt wieder.

Über meine kleine filmtheoretische Abhandlung haben wir die Stadt erreicht oder besser: Wir fahren auf einer hochgelegten Trasse über sie hinweg. Von Strand und Meer nichts zu sehen, denn Andreia wohnt in der „Zona Norte" von Rio, der Nordzone, die sich anders als Rios Südbezirke ins Hinterland ausbreitet. Ohne Küstenzugang ist die Zona Norte eine unattraktive Wohngegend mit riesigen Armenvierteln, die auf keiner von Rio existenten Postkarte zu sehen sind. So kommt es, dass der ausländische Blick auf Rio de Janeiro immer und ausschließlich auf die reiche „Zona Sul", die Südzone fällt: auf

Zuckerhut, Cristo, Copacabana – schicke Hochhäuser, einge-keilt zwischen grünen Bergen und blauen Wellen, obwohl sie nur einen winzigen Teil der Stadt ausmachen.

Der Bezirk, den wir schließlich erreichen, heißt Tijuca, ein Arbeiterwohngebiet mit schmucklosen Hochhäusern. Dichter Verkehr, die Fußwege voller Menschen. Andreias Familie lebt in einem Einfamilienhaus am Ende einer langen Einfahrt, durch ein Gittertor von der Hauptstraße getrennt. Wir werfen mein Gepäck ab und gehen wieder los, denn Andreia will aus Sicherheitsgründen dabei sein, wenn ich zum ersten Mal Bar-geld ziehe. „Du kannst die Leute gar nicht einschätzen, die dir auf der Straße begegnen. Alle erscheinen dir nett, und hinten-rum bist du dein Portemonnaie los", erklärt Andreia, und ich sage „Tá bom." (Alles klar.) – Einerseits weil es schön kurz ist, andererseits weil mir diese Bemutterung tatsächlich gerade gut zupasskommt. Schließlich befinde ich mich quasi im Wach-koma, und das ist für Finanzangelegenheiten nicht gut, wie ich aus Erfahrung weiß. Während meiner ersten Rio-Reise muss-te ich feststellen, dass man zu viel Geld in der Tasche auch schnell loswerden kann, auch nachmittags um drei im voll-besetzten Bus, weshalb ich seitdem meine Kreditkarte und gro-ße Scheine auf Auslandsreisen im Schuh verstaue.

An jenes Rio-Erlebnis wollte ich mich an meinem ersten Tag eigentlich nicht gleich erinnern, andererseits scheint es gut Andreia zu vermitteln, dass ich schon ein bisschen was erlebt habe und sie mich künftig nicht bei jedem Kokosnuss-kauf an die Hand nehmen muss. Meine holprige Erzählung hat die gegenteilige Wirkung: „Am besten wird es sein, wenn *ich* deine Kreditkarte im Portemonnaie verstaue. Du kannst dich entspannen, und ich bin als Carioca weniger auffällig." Dabei bin *ich* diejenige mit brasiltypischen schwarzen Haa-ren, Andreia hat feuerrote. Egal, ich gebe meinen Widerstand lachend auf: Bei Andreia werde ich nicht Untermieterin sein, sondern das dritte Kind.

Auf dem Gehweg sind tatsächlich außer mir alle braun gebrannt und außer Andreia alle schwarzhaarig. An der Rua Conde de Bonfim – ab heute meine Adresse – reiht sich ein Laden an den anderen: Klamotten, Drogerie, Klamotten, Klamotten, Gemüse, Reformhaus, nächste Drogerie, Klamotten, alles modern, sauber und von Neonlicht bestrahlt.

Andreias Strategie bewährt sich – ohne Überfall erreichen wir die Itaú Bank, und ich lerne, was der Carioca unter „Sicherheit" versteht: Am Bankeingang eine Drehtür, durch die man nur einzeln eintreten kann, dabei von zwei Wachmännern beäugt. Ein Schild klärt mich auf, dass ich gefilmt werde. Im eisgekühlten Foyer die Enttäuschung: Meine Kreditkartensorte wird vom Automaten nicht bedient. Also wieder raus, quer über den Marktplatz, durch eine weitere Drehtür zur Banco do Brasil. Kein Geld auf meine Karte, ein freundlicher Angestellter empfiehlt als Nächstes die Banco 24 Horas (24 Stunden), dreihundert Meter weiter die Straße hoch. Um bei Banco 24 Horas überhaupt rein zu dürfen, müssen wir durch eine Panzerglassicherheitsschleuse und werden mit Metalldetektoren abgetastet wie am Flughafen. Ich hätte ja gern ein bisschen was Metallenes für den Detektor dabei, brasilianische Münzen zum Beispiel, aber ich kriege keine, weil in ganz Tijuca noch keine Bank etwas von meinem Kreditsystem gehört hat. Banco 24 horas auch nicht. Binnen Sekunden hat Andreia drei Angestellte um uns geschart, die sich meiner Misere mit großem Enthusiasmus annehmen, allerdings ohne die geringste Idee, was man tun könnte. Ich lächle sie dennoch dankbar an, während ich nichts von ihrer Unterredung verstehe, außer mal Sätze von Andreia wie „Nein, sie spricht nicht". Mir wird schummrig. „Wo ist hier noch ein Geldautomat?" – das ist das Thema, und die Frage ist, wie lange man sich über dieses Thema unterhalten kann. Eine Minute? Fünf Minuten? Oder fünfzehn Minuten, wie Andreia und ihr fideles Bänkertrio es vorführen? Gerade suche ich Halt an einer

Panzerglasscheibe, als das Quartett auf eine vierte Bank gekommen ist. Willenlos grinsend wanke ich Andreia hinterher, die drei Bankkaufmänner winken zum Abschied.

Ich bin hellwach, als der Automat Real-Scheine ausspuckt, die ich sofort, und nicht ohne das Foyer auf verdächtige Gestalten hin zu scannen, in meinem Schuh verstaue. Bis auf die obligatorischen fünfzig Real, die man immer in der Hosentasche hat, damit man bei einem etwaigen Überfall sofort was rausgeben kann und den Räuber nicht unnötig aufhält und eventuell verärgert. Diese Regel hab ich mir vom ersten Rio-Urlaub gemerkt und werde dafür sogleich von Andreia gelobt.

„Ein Glück, dass du mich begleitet hast", gebe ich zurück und meine es aus vollem Herzen. Dank unseres Ausflugs durch die Foyers brasilianischer Geldinstitute weiß ich nun außerdem: Falls mir Rio mit seinen Räuberbanden, Drogenkartellen und Schießereien mal zu viel wird, könnte ich zur Entspannung bei Banco 24 Horas im Eingangsbereich ein, zwei Stunden in völliger Sicherheit verbringen. Vielleicht werde ich so was von Zeit zu Zeit brauchen in Rio de Janeiro.

Andreia hat mir auf einem Zettel notiert, wie ich nachher zur Redaktion finde. Er liegt auf dem Klapptisch am Fenster, daneben habe ich meine CDs ins Regal gestellt. Und das einzige deutschsprachige Buch. Der Journalist Alex Bellos beschreibt die brasilianische Gesellschaft anhand ihrer hemmungslosen Leidenschaft für Fußball, Ralf hat mir das Buch ins Gepäck geschmuggelt. Zum ersten Mal seit meiner Landung in Rio denke ich darüber nach, was in den letzten achtundvierzig Stunden passiert ist. Auf meinem neuen Bett in der stillen Wohnung liegend kommen mir diese Momente nah, die sich tausende Kilometer weit weg abgespielt haben.

Eben gerade stand ich noch in Berlin-Tegel an der Passkontrolle und versuchte durch einen Tränenschleier den Beamten zu erkennen. Blickte noch einmal zu Ralf, der wieder nicht heulen musste, sondern natürlich wieder nur ich, und saß dann im Flugzeug nach London. Dort das versteckte Buch gefunden, Ralfs Widmung gelesen, wieder geheult, und dann ganz allmählich angefangen zu genießen, dass mir ein Abenteuer bevorsteht. Schließlich dreimal hintereinander „Die Reifeprüfung" im Bordprogramm geschaut, und schon war ich da, ich meine: hier.

Schon vorhin im Flugzeug ist mir bewusst geworden, dass ich diese elf Stunden über dem Atlantik später einmal zu den eigenartigsten Stunden meines Lebens zählen werde. Wie in einer Schleuse, wo sich die hintere Tür zum bisherigen Leben schon geschlossen, die vordere sich aber noch nicht geöffnet hat. Ich hab mich gefreut auf die Herausforderungen, die vor mir liegen, musste mich aber noch keiner einzigen stellen, musste nichts machen außer mich nach Rio fliegen lassen und alle paar Stunden die Eiswürfel wechseln, die meine Typhusimpfung kühlten. Eine überschaubare Aufgabe.

Mit überschaubaren Aufgaben ist es fürs Erste vorbei. Andreias Wegbeschreibung hat nur bis zum Ausgang des U-Bahnhofs funktioniert. Der Minivan, der zwischen Metro und Globo-Konzern hin- und herfahren sollte, ist auch nach fünfunddreißig Minuten nicht aufgetaucht, darum mache ich mich zu Fuß auf den Weg, was mir streng untersagt wurde. „Zu gefährlich" – eine Begründung, die mir innerhalb von neun Stunden schon zum dritten Mal begegnet ist und die bereits jetzt anfängt, mich zu nerven. Denn mein Gefühl sagt mir zwar, dass Andreias Bedürfnis, mich in Rio an jeder Häuserecke vor Ungemach zu schützen, überzogen ist, wirklich beurteilen kann ich es aber nicht. Ihren dreiundvierzig Jahren Erfahrung habe ich nichts entgegenzusetzen außer einem diffusen Gefühl von „Man muss doch auch was ausprobieren".

Ich hab es probiert, zu Fuß und nervös an einer Autostraße entlang, und es hat geklappt. Mit dreihundert Brasilianern sit-

ze ich in der Aula des Globo-Konzerns, habe „Der Untergang"
mit portugiesischen Untertiteln gesehen und wohne nun einer
Podiumsdiskussion zwischen zwei Journalisten, einem Polito-
logen und einem Historiker bei, von der ich ungefähr kein
Wort verstehe. Meinen Eindruck, dass es sich um die langwei-
ligste Podiumsdiskussion der Welt handelt, würde ich daher
relativieren, wenn ihn nicht bereits zwei brasilianische Sitz-
nachbarn durch Schnarchen untermauern würden. Wir sitzen
in Reihe 4, wie viele sind in Reihe 18 noch wach? Ich beschließe, nun endlich meinen Körper und seine Bedürfnisse zu
berücksichtigen, rutsche tief in den Sitz und schlafe am Ende
meines ersten Tages in Rio de Janeiro unauffällig ein.

Es ist Samstag, und ich habe eine Verabredung. Das ist entscheidend. Miguel, ein Brasilianer aus Berlin, den ich zwei
Wochen vor meiner Abreise erst kennenlernte, ist gerade hier
auf Familienbesuch und hat in Aussicht gestellt, dass wir
heute was zusammen machen. Ich weiß, dass ich mit dem
Rücken zur Wand stehe – schließlich bin ich erst seit drei Tagen hier und kenne sonst niemanden, darum habe ich gleich
erklärt, mir sei alles recht. Das Einzige, was ich auf keinen
Fall will, ist, an meinem ersten Samstagabend in Rio zuhause sitzen. „Wir können an den Strand gehen, ins Kino, zum
Essen ... Wenn du deine Freunde treffen willst, komme ich
einfach mit." Miguel hält seine Entscheidung offen, falls zum
Beispiel sein Freund Fabrizio noch mit der Hammer-Party auf-
kreuzen sollte. Fabrizio ist Kulturredakteur und in der Szene
ganz brauchbar verdrahtet. Ich bin Miguel derart dankbar,
dass er mich mitnimmt, und habe ihm die Gestaltung derart
offengelassen, dass er aus der Nummer nicht rauskommt, es
sei denn, er lässt sich ins Krankenhaus einweisen.
    Miguel holt mich am Nachmittag mit Sonnenbrille, Bade-
tuch und dem silbernen Flitzer seiner Eltern ab: „Vamos lá!
Auf zum Strand!" Wow! Was für ein Ereignis, in den letzten

drei Tagen habe ich mich nur per Metro zwischen Andreias Wohnung und Arbeit hin- und herbewegt. Wenn ich um 18 Uhr aus der Redaktion kam, bollerte ich gegen eine Wand aus 28 Grad, aber es herrschte herbstliche Dunkelheit.

So kommt es, dass ich bereits seit vier Tagen unterm Zuckerhut wohne, ohne einen Strand auch nur gesehen zu haben. Stattdessen kenne ich mich in meinem Bezirk Tijuca aus, mit seinen Verkehrsstaus, mit den exotischen Früchten beim Obsthändler und einer riesigen Branche von Minijobs auf der Straße.

Gerade fahren wir die Strecke der Rua Conde de Bonfim ab, die ich jeden Morgen zur Metro gehe. Neben dem Supermarkt sitzt der Korbmacher, vor sich auf dem Gehweg immer seinen vergammelten Werkzeugkasten und um die Ecke ein paar Stühle aufgestellt, deren Sitzfläche zu flicken ist, was er an Ort und Stelle verrichtet. „Brauchst du keine Werkstatt zum Arbeiten?", fragte ich ihn am zweiten Tag. „Nein, wieso?", gab er zurück und schien ehrlich erstaunt über meine Frage. Ja, und da musste ich erst mal überlegen, nicht nur wegen der Vokabeln. „Da hättest du mehr Platz, niemand würde dich stören", noch während ich redete und in das Gesicht des Mannes blickte, das faltig und ebenso gesund aussah, schwand meine eigene Überzeugung. „Ach, hier habe ich immer Unterhaltung, weißt du, treffe Bekannte und muss keine Miete zahlen." Wie zur Bestätigung beugte sich ein Passant im Vorbeigehen zu ihm herunter: „Oi Heraldo, tudo bem?" (Hallo Heraldo, alles klar?), er klopfte ihm auf die Schulter. „Tudo bom", bestätigte Heraldo lachend, „Vai com Deus" (Geh mit Gott), und wendete sich wieder seiner Flickarbeit zu. Eine Werkstatt für einen brasilianischen Korbmacher? Wirklich eine beknackte Idee.

Nach Heraldo passiere ich jeden Morgen drei Handzettelverteiler, einen Feuerzeugverkäufer, einen Gürtelverkäufer, eine Gestreiftes-Kleid-Verkäuferin, einen Uhrenverkäufer, eine Plastikblumenverkäuferin und ein Mütterchen, das an der Ampel Platzdecken häkelt. Jeden Tag, ob morgens oder abends, stehen sie da und sind wie Heraldo verstörend guter Laune. Auf der anderen Straßenseite noch ein Händler mit einem Bauchladen voller Brustvergrößerungen und einer, der aus seinem Kofferraum heraus Sahnetorten feilbietet. Während am Metro-Eingang bei dem Erdnussröster, der auf dem Treppenabsatz ein handliches Öfchen befeuert, ein gewisser Absatz zu beobachten ist, habe ich noch nie gesehen, dass etwa der Uhrenverkäufer etwas verkauft hätte. Den Brustvergrößerungshändler konnte ich am dritten Tag in einem Kundengespräch beobachten: Er pries die Elastizität seiner Modelle und wies die Passantin an, einen Finger ins Material zu bohren, das sanft nachgab. Sie war beeindruckt, gekauft hat sie nichts.

„Die Armen leben hier wirklich mit dem Rücken zur Wand, nicht wahr? Nur dann ist man bereit, für so wenig Einnahmen den ganzen Tag in der Gegend rumzustehen." „Leider ja", antwortet Miguel, „kein Sozialsystem, keine andere Wahl. Sie müssen sich selbst was organisieren, und sei es noch so banal." Ich frage mich, wie viele Kinder der Feuerzeugverkäufer zuhause hat, oder die fliegenden Händler, die an den großen Kreuzungen, die wir nun passieren, in den Autoabgasen stehend Gummidrops verkaufen.

Miguel steuert den Strand von Niteroi an, einer Satellitenstadt, die Rio gegenüberliegt, auf der anderen Seite der Guanabara-Bucht. Bis Mitte der Siebziger musste man außenrum oder per Fähre fahren, heute chauffiert mich Miguel über eine Brücke, die auf vierzehn Kilometern die Bucht überspannt. Als würden wir über das blaue Wasser schweben, siebzig Meter über dem Meer. Je weiter wir uns von Rio entfernen, desto faszinierter blicke ich zurück auf die Hochhäuser am Ufer und die viel, viel höheren Berge dahinter. Irgendwie lassen diese Berge die Hochhäuser schrumpfen, als wollten sie sagen: „Rio sind *wir*. Da unten die Zwanzig-Stöcker, das sind nur ein paar

Leute, die da wohnen. Wir waren so nett, da ein bisschen Platz zu lassen." Jetzt die Beine aus dem Fenster baumeln lassen, und der Moment wäre perfekt. Aber wie bei Andreia gilt auch im Wagen von Miguels Eltern das „Scheibe hoch, Knopf runter"-Gesetz.

Wir kommen in einer teuren Wohnsiedlung in Strandnähe an, und ich lerne, dass auch die Autowelt Minijobs bereithält. Die Einnahmequelle der „flanelinhas" ist der Carioca beim Parkmanöver.

Man ist gerade dabei, in eine elf Meter lange Lücke einzusetzen, da taucht der Flanelinha im Rückspiegel auf und signalisiert mit ausgebreiteten Armen und Rufen, dass es noch fünf Meter Abstand zum hinteren Auto sind. Anschließend stolpert er nach vorn, schmeißt sich vor den Wagen und verhindert so, dass man an das vorn geparkte Auto anstößt, denn hier waren nur drei Meter Platz zum Rangieren. Ist man glücklich zum Stehen gekommen, kassiert der Flanelinha einen Real, etwa dreißig Cent.

Hat man das Auto verlassen, legt er oder ein anderer einen verschimmelten Pappdeckel auf die Frontscheibe. Kehrt man zurück, herrschen im Auto dank dieser Umsicht statt der üblichen 48 nur 41 Grad, und der Flanelinha kassiert für seine segensreiche Tat einen Real.

Recht unbeliebt bei den Cariocas ist folgender Flanelinha: Er springt, wenn man auf den geparkten Wagen zugeht, aus dem Nichts hinzu, behauptet, er habe wie wild auf das Auto aufgepasst, und kassiert einen Real.

Noch unbeliebter ist der eben Beschriebene mit Vorkasse, der uns nun begegnet. Er springt unmittelbar nach Beendigung des Parkvorgangs auf die Straße und erklärt, für drei Real sein Leben zugunsten des Autos aufs Spiel zu setzen. Wäre man jedoch nicht bereit zu zahlen, dann könne er – wir verstehen uns – für nichts garantieren. Dazu grinst er scheel. „Das zahl ich nicht", höre ich Miguel sagen. „Ist aber eine gefährliche

Gegend hier", erklärt der Flanelinha und deutet auf die Einfamilienhäuser ringsherum. „Wird schon nichts passieren", erwidert Miguel im Weggehen, der Typ bleibt maulend zurück.

„Hast du keine Angst um den Lack?" „Ich hoffe, dass er sich das in dieser Gegend nicht leisten kann", erwidert Miguel. „Der steht hier jeden Tag, da muss er sich benehmen. Mitten in der Stadt wäre es riskanter." Miguel erscheint als ein vielversprechend lässiges Gegengewicht zu Andreias Wahnvorstellungen meine Sicherheit betreffend.

„Ich denke, du solltest nach Einbruch der Dunkelheit nicht mehr unterwegs sein", erklärte sie mir vorgestern, Bus und Metro seien dann nicht sicher genug. Auf meinen Einwand hin, bei Sonnenuntergang um 17.30 Uhr hieße das, dass ich außer arbeiten eigentlich nichts mache, entgegnete sie: „Du kannst jederzeit Fernsehen gucken, das ist die beste Methode, Portugiesisch zu lernen." Jeden Morgen, sobald ich zuhause aufgebrochen bin, ruft Andreias Sohn Márcio in der Redaktion an, damit sie weiß, dass ich in einer halben Stunde ankommen muss. Ich hoffe darauf, dass sich die Lage in Kürze entspannt, da gestern Andreias Lover Roberto nach zweiwöchiger Beziehungspause wieder aufgetaucht ist. Wenn ich Glück habe, bindet Roberto einiges der überschüssigen Energie, die bisher darauf verwendet wird, über meine Ein- und Ausgänge Buch zu führen.

„Die Metro ist sicher", erklärt mir nun Miguel, „ich hab erst ein Mal gehört, dass eine Frau versehentlich erschossen wurde." Aha. Das scheint doch für hiesige Verhältnisse recht gut, und auch meine Besorgnis in der Frage, welche Wertgegenstände man in der Öffentlichkeit mit sich tragen kann, vermag er zu zerstreuen. „Natürlich kannst du dein Handy mit in den Bus nehmen. Kann halt sein, dass du es irgendwann abgeben musst. Aber bis dahin hast du es wenigstens genutzt." Mir erscheint dieser Pragmatismus gut angepasst an eine Gefahrensituation, der man offenbar sowieso nicht ausweichen kann.

Miguel: Meine Eltern wollten neulich nach Buzios an den Strand fahren. Dann hielt plötzlich ein Fiat vor ihnen, die Typen sprangen raus und sind mit dem Wagen meiner Eltern abgehauen.

Ich: Haha, und dann sind deine Eltern mit dem Fiat der Gangster weiter nach Buzios an den Strand gefahren? Haha.

Miguel: Nein, mein Vater musste Anzeige erstatten, meine Mutter hat den Bus genommen.

Der Sand wärmt meine Füße, als ich runter zum Wasser laufe. Jetzt, am späten Nachmittag, da die Sonne sich anschickt, hinter den Bergen unterzugehen, sind wir beinahe allein am Strand. Unglaublich, dass ich in den vergangenen Tagen dem Atlantik so nah war und nichts davon gespürt habe. Er spiegelt die letzten Sonnenstrahlen. Trägt einen salzigen Wind ans Ufer, türmt seine hohen Wellen auf und kippt sie erst wenige Meter vor mir in die weiße Gischt. Mit jeder Welle, die er brechen lässt, scheint er zu sagen: „Vergiss die Nordsee. Hier kommt ein Ozean."

Minutenlang stehe ich da. Der Blick über das Meer lässt die Fragen, die mir seit Tagen im Kopf herumspuken, ein wenig lösbarer erscheinen. Wie soll ich eine eigene Wohnung finden? Wann werde ich meinen ersten Bericht nach Deutschland verkaufen? Wie lange werde ich brauchen, bis ich diese Sprache beherrsche? Wo finde ich Freunde? Wird Rio für mich ein Zuhause werden? Auf keine dieser Fragen weiß ich heute eine Antwort, aber die Welt ist gerade sonnengelb-goldgrün und riecht salzig, sie kann nicht böse sein. „Tudo vai dar certo." Alles wird gutgehen.

Für melancholische Gedanken wäre ohnehin keine Zeit, denn wir müssen los. Miguels Cousine, die hier in Niteroi wohnt, gibt eine Grillparty, bevor wir dorthin fahren, müssen wir noch einkaufen.

Auf dem Fußweg vor dem Supermarkt grillt ein Mann Steaks und Spieße, seine Frau verkauft die Getränke. Um die beiden herum hat sich eine Menschentraube gebildet: Alte, Junge, Kinder – alles isst und plaudert durcheinander, dazu Musik aus einem Autoradio.

Ich fühle mich leicht, als wir durch den gigantischen Supermarkt laufen und uns einen Spaß daraus machen, lauter geschmacklich fragwürdige Billig-Snacks einzuladen. „Hier, wir nehmen die Maispops-Fünf-Kilo-Familien-Spartonne", bestimmt Miguel, und ich lerne eins der zehn wichtigsten Wörter Brasiliens: „Promoção!" – Sonderangebot! Der Supermarkt wimmelt davon, in allen Regalen, zuweilen mit verwirrenden Begleitvorschlägen wie „Kauf jetzt – zahl erst im August!"[3]

Die Partyadresse von Miguels Cousine Lorena – mitten im Zentrum von Niteroi – ließ schon darauf schließen, dass die Veranstaltung mit meiner Idee von brasilianischer Grillparty (eine Bar am Strand, Flirten im Sonnenuntergang, Electrobossa aus den Boxen und endlos Caipirinha) nicht komplett deckungsgleich sein würde.

Aber was wir nun erblicken, war nicht vorauszusehen: Die Party hat schon mittags begonnen, auf einem Parkdeck zwischen zwei Hochhäusern. Durch einen Lichtschacht ist der Himmel zu erahnen, man hat für die Atmo eine rote Glühbirne eingeschraubt, alles andere ist ranziger Beton. Als wir um acht eintreffen, finden wir fünfzehn brasilianische Twens vor, die seit mittags Bier tanken und Nackensteaks essen. Der Grillmeister preist uns seine Leckereien an und lässt den Fleischlappen, den er zur Demonstration greifen wollte, versehentlich in die Asche fallen. Ich erleide einen Lachanfall.

Selbst angetrunkene brasilianische Halbstarke sind jedoch vollendete Gastgeber. Ich werde von allen umarmt, auf beide Wangen geküsst und anschließend umfassend betreut. Zehnminütlich stakst Cousine Lorena mit Stöckelschuhen auf mich zu, umarmt mich und erklärt, wie schön es sei, dass wir uns mal kennenlernen, und ob ich noch genug Bier hätte. Der Bruder ihres Lovers, Ricardo, setzt zu einer zweistündigen Operation an, um zwischen uns was klarzumachen. Nachdem wir ausführlich über Sprachen lernen, sein Studium in Spanien und schwierige deutsche Wörter geredet haben (ich gebe ihm den Satz „Er rümpft die Nase" zu lesen, was so unterhaltsam gerät, dass sich eine Traube um uns bildet), konkretisiert er sein Hauptanliegen.

Ricardo: Wir sollten es miteinander versuchen.

Ich: Ricardo, ich bin neun Jahre älter als du.

Ricardo: Wissenschaftliche Studien belegen eine für Frau und Mann ganz unterschiedliche Lebenserwartung. Neun Jahre Unterschied sind ideal, wir können dann sogar zusammen sterben.

Ich: Im Moment erscheinen mir neun Jahre doch recht viel.

Ricardo: Nächsten Monat werde ich sechsundzwanzig.

Ich: Ich habe bereits einen Freund.

Ricardo: Wo?

Ich: In Berlin.

Ricardo: Und?

Während Ricardo unsere gemeinsame Zukunft in den blühendsten Farben zu schildern weiß, vergeht die Zeit. Wir wollen aufbrechen, nicht ohne dass mich zum Abschied Lorena fragt, was denn nun – knick knack, wir verstehen uns – mit Ricardo sei. Miguel hat ein Auge auf eine langbeinige Verwaltungsfachangestellte geworfen, die sich mit ihrer Freundin stundenlang nicht entscheiden kann, ob sie noch mit rüber nach Rio fahren wollen oder nicht. Es winkt der Geburtstag irgendeines Freundes irgendeiner Freundin von Miguels Szenekenner-Freund Fabrizio, der hat nämlich inzwischen angerufen. „Sollen wir denn mal los?", frage ich leicht ungeduldig, weil auch Ricardo bereits überlegt, ob er noch mitkommt. Das Ergebnis möchte ich nicht unbedingt abwarten. „Moment noch", sagt Miguel und betextet weiter die Fachangestellte, um kurz darauf glücklich „Wir können los!" zu vermelden. „Frauke, fährst du bei Ricardo mit?" Aha. Man will mich also loswerden, aber das hat mir noch gefehlt: an meinem vierten Tag in Rio mit einem betrunkenen Carioca, der die Gewalt über sein Auto verliert, weil er nebenbei versucht hat, mein Knie zu tätscheln, über das Brückengeländer siebzig Meter tief ins Meer zu stürzen. „De jeito nenhum" (Auf keinen Fall), entgegne ich und setze mich in den silbernen Flitzer, demonstrativ nach vorn, weil ich der Meinung bin, dass ich den Platz für heute gebucht hab.

Mit einem nüchternen Carioca bei voll aufgedrehtem Radiosound über die Guanabara-Brücke nach Rio zu brausen ist eine hinreißende Sache, obwohl mir lieber wäre, er würde nicht bei voller Fahrt SMS schreiben. Wir rauschen über das schwarze Wasser der Stadt entgegen, deren Lichter sich in der Baía da Guanabara spiegeln. Hoch über ihr und hell angestrahlt wacht Cristo Redentor und blickt uns an.

Zurück am anderen Ufer lerne ich, dass nachts eine rote Ampel in Rio maximal als Anregung zu verstehen ist. „Es wird empfohlen, das Tempo zu verringern, denn Ihr Gegenverkehr hat grün und hält auf keinen Fall", so in etwa. Wir verringern, gelegentlich hält Miguel an Kreuzungen mit mehr als sechs Fahrspuren auch an, um sogleich das Fenster runterzuzoomen. Ebenso tut es Ricardo im Auto nebenan, und zwischen den Fahrern entspannt sich folgender Dialog.

Miguel: E aí, tudo bem? (Und sonst so, alles klar?)

Ricardo: Tudo bom. (Alles klar.)

Dann werden die Fenster wieder hochgezoomt. Wir sammeln Fabrizio, den Freund der Freundin, die Freundin und noch vier weitere Freunde in Botafogo ein und fahren in die Casa Rosa (Rosenhaus). Auf dem Weg dorthin kommt uns irgendwie Ricardo abhanden.

„Die Casa Rosa war früher ein Puff", erklärt mir Fabrizio. „Heute ist es einer meiner liebsten Clubs in Rio, du wirst bestimmt noch öfter herkommen." Wir treten in einen lauschigen Innenhof voller Bäume, Mauervorsprünge und Terrassen. Genau in dem Maß verfallen, um unschlagbar romantisch zu sein, zumal bei 28 Grad um zwei Uhr nachts. Jetzt würde ich gern noch ein bisschen flirten und bin neidisch auf die Verwaltungsfachangestellte, bei der Miguel Fortschritte macht.

Auf der Tanzfläche drinnen ist es noch zehn Grad heißer, um mich herum lauter Brasilianer, die verzückt REMs „Shiny happy people" singen. Für einen kurzen Moment habe ich Angst, dass wir vielleicht doch alle überall gleich sind. Doch als der braun gebrannte Barmann mir mit einem strahlenden Lächeln die Caipirinha rüberschiebt, denke ich: „Nein. Hier ist nicht Berlin."

Anmerkungen zum Maio

[1] Die Legende hält sich, obwohl Etymologen herausfanden, dass zu jener Zeit der portugiesische Begriff „rio" nicht nur für „Fluss" stand, sondern auch „Bucht" bedeuten konnte. Demnach hat der Kapitän die korrekte Bezeichnung gewählt.

[2] Der Begriff Carioca stammt aus der Sprache der Tupí, der indigenen Ethnie, die vor der Kolonialisierung Brasiliens Atlantikküste bevölkerte. Er setzt sich zusammen aus „cario" (weiß) und „oca" (Haus), und bedeutet „Haus des weißen Mannes".

[3] Diese Art des Sonderangebots geht zurück auf die Zeit der Wirtschaftskrise Mitte der 1980er, als Brasilianer mit einer Inflationsrate von manchmal drei Prozent am Tag (!) kämpften. Zu jener Zeit konnte man also beim Kauf eines Artikels, den man erst einen Monat später bezahlen musste, sehr viel Geld sparen. Heute steht der brasilianische Real stabil. Ein Zahlungsaufschub bringt keine Ersparnis, aber aus Tradition hat sich das Angebot gehalten.

Junho

IM LAUFE DER LETZTEN ZWEI WOCHEN haben sich zwei Probleme herauskristallisiert:

a) Der Ventilator im Inneren meines Laptops arbeitet nicht mehr, weshalb ich ihn, um sein Zusammenschmelzen zu verhindern, alle zwei Stunden mit Eiswürfeln kühlen muss.

b) Mein Epiliergerät für die Beine fährt nur noch im ersten Gang.

Je nachdem, ob ich mich gedanklich mit dem Bereich Beruf/Finanzen oder Freizeit/Kontakte beschäftige, erscheint mir das eine oder das andere Problem dramatischer.

In Andreias Haus fühle ich mich wohl, wenn mir auch der für Rio typische geflieste Wohnbereich im Erdgeschoss etwas kühl erscheint. In den Schlafzimmern oben haben wir Parkett und schöne alte Holzmöbel. Noch immer habe ich mich nicht daran gewöhnt, dass die meisten Fenster aus Milchglas und vergittert sind. Dieses Verschanzen vor der Sonne und vor Einbrechern ist in Rio üblich, aber ich fühle mich eingepfercht. Wenn ich mal die Haustür auflasse und mich mit einer Zeitung auf die Treppe setze, hab ich ein unsicheres Gefühl. Trotz der langen Einfahrt, eingefasst durch die Nachbarhäuser und eine Mauer, und trotz des vergitterten Rolltores zur Straße. Oder gerade deswegen?

Heute hat es mein brasilianischer Vetter Geraldo (ich identifiziere mich inzwischen voll mit meiner Rolle als drittes Kind der Familie), mein Vetter also hat es geschafft, meinen Laptop fit für das Internet zu machen. Er ist mit seiner Mutter, der Oma und einem Stapel Cousinen zum Mittagessen zu Besuch. Während man sich im Erdgeschoss um die Oma gruppiert, hocken wir uns oben vor mein Gerät, Geraldo klickt

Funktionen an, und ich bemühe mich, aufpoppende Texte wie „Mehrfachverbindungen für Einzelverbindungen aushandeln" ins Portugiesische zu übersetzen.

Die Internetbuchse befindet sich in Márcios Zimmer, das zurzeit jedoch von seiner Mutter Andreia als Schlafzimmer genutzt wird, weil ich Andreias Zimmer belege. Zuerst war ich beschämt, als ich merkte, dass die Familie eigentlich kein Zimmer zum Vermieten übrig hat, sondern Márcio nun auf dem Wohnzimmersofa schläft. Jedoch entspricht das dem brasilianischen Pragmatismus. Die Mieteinnahme kann eine Alleinerziehende gut gebrauchen, und außerdem findet man es ganz unterhaltsam, eine Ausländerin im Haus zu haben.

Das findet auch die Verwandtschaft, da wir nun um den Mittagstisch herumsitzen, während der Fernseher läuft, und Andreia das nach eigener Aussage einzige Gericht serviert, das sie kochen kann: Lasagne mit Schinken. Es ist nämlich Sonntag, und da hat Catarina, die „empregada" (Haushaltshilfe), frei, sie kocht an allen anderen Tagen der Woche. Eine Empregada gehört in Rio in fast jeden Mittelschichtshaushalt. Sie ist immer schwarz und fast immer schlecht bezahlt. Sie putzt, kauft ein, betreut die Kinder und kocht, was dazu führt, dass das Gros brasilianischer Mittelständler nicht kochen kann, weil es einfach noch nie nötig war.

Neben dem Essen bin ich der zweite reizvolle Aspekt der Mittagstafel. Wobei sich die spärliche Erfahrung mit Ausländern bei meiner brasilianischen Verwandtschaft – wie bei vielen ihrer Landsleute – darin ausdrückt, dass sie kaum ein Gefühl dafür hat, wie sehr ich auf langsame und deutliche Aussprache angewiesen bin. Andreia ist ein brillantes Beispiel. Neulich, als ich mich in der Küche anschickte, Gnocchi in kochendes Wasser zu schütten, sagte sie: „Tem que bota-lá auschpucksch."

Soweit kam ich: „Tem que" bedeutet „Du musst". „Botar lá" heißt ungefähr „da reintun". Aber ...

Ich: Auschpucksch???

Andreia: (unverändert schnell, aber lauter) Na auschpucksch.

Ich: Mein Problem ist nicht, dass ich dich nicht höre, sondern dass ich dich nicht verstehe.

Andreia: Nossa! (Heilige Jungfrau!) A-usch po-kusch! Du sollst die Gnocchi nicht alle zugleich reinwerfen, sondern a-usch po-kusch!

So gelang es mir schließlich, Andreias „auschpucksch" als portugiesisch „aos poucos" (nacheinander) zu identifizieren. Da die Cariocas jedes „d" und „t", dem ein „e" oder „i" folgt, sowie das „s" am Wortende als „dsch", „tsch" oder „sch" aussprechen, kommt im Laufe eines Subjekt-Prädikat-Objekt-Satzes einiges zusammen. Sehr wohlklingend, doch diese Unterschiede zu erkennen, sie ins „Hoch"-Portugiesisch und anschließend ins Deutsche zu übersetzen würde gehen, wenn ich mich danach einige Minuten ausruhen könnte. Nun sieht ein Dialog mit Cariocas keine Sprechpause vor, daher frage ich mich, wie ich aus diesem Genuschel unter Zeitdruck die Fremdsprache extrahieren soll, die ich erlernen möchte. Zum Deutschlernen würde ich ja auch niemandem sagen: „Geh mal in die Pfalz."

Nun sitze ich aber mit neun nuschelnden Cariocas am Tisch, kann mich nicht am schmeichelnden Klang ihrer „sch"s erfreuen, sondern muss versuchen, den Inhalt zu entziffern, denn im mir von Andreia vertrauten Maschinengewehr-Stil feuert man Fragen nach Job, Familie und dem „namorado" (Freund) auf mich ab. Auf mein hilfloses „Oi?" (Hallo?/Was?) wiederholt man die Fragen im selben Tempo genauso undeutlich und geht schließlich dazu über, sich anstatt *mit* mir *über* mich zu unterhalten, zum Beispiel über die Tatsache, dass ich – seit dreizehn Jahren Vegetarierin – die Lasagnenudeln vom Schinken trenne.

Schwägerin: Ach ja, sie isst ja kein Fleisch.

Andreia: Nein, sie ist Vegetarierin. Aber nicht radikal.

Eine Cousine: Fisch isst sie zum Beispiel, meinte sie vorhin.

Andreia: Neulich war sie bei einer Grillparty.

Schwägerin: Eine Vegetarierin, die zum Grillen geht!

Alle: Hahahahaha.

Ich hätte versuchen können, auch etwas dazu zu sagen, aber ich hatte das Gefühl, sie kamen glänzend ohne mich zurecht.

Nach drei Wochen in Rio lasse ich Witze auf meine Kosten, wenn ich sie überhaupt bemerke, gefasst an mir abperlen. Bin ich es doch gewohnt, dass Andreias Sohn Márcio, wann immer mein Redefluss mangels einer Vokabel ins Stocken gerät, mir kräftig auf den Rücken klopft, um den Denkstau in meinem Hirn aufzulösen. Andreia als studierte Linguistin und generelle Expertin für alles meint grundsätzlich schon an meinem Gesichtsausdruck zu erkennen, ob ich der Unterredung noch folgen kann oder nicht. Wenn ihr Lover Roberto mir etwas erzählt, unterbricht sie ihn mittendrin und sagt voll Resignation: „Roberto, warte. Du musst noch mal anfangen. Sie hat es wieder nicht verstanden."

Solche Ignoranz macht mich manchmal wütend, heute jedoch bin ich ganz devot. Schließlich kann ich dank der Hilfsbereitschaft meiner Verwandten ab jetzt mit Laptop ins Internet und betrachte meine Rolle als Witzfigur des Mittagessens als Entgelt für diese Leistung.

Es ist ja auch so, dass ich von diesem recht hemmungslosen Umgang miteinander durchaus profitiere. Steht mir nach einem anstrengenden Tag der Sinn nach seelischer Erbauung, so reicht es, Andreia am Abendbrottisch „Münchner Hofbräuhaus" sagen zu lassen. Beim Hofbräuhaus kommen wir selten an, sie drechselt sich im vierten Anlauf ein „Muuunschne" aus dem Mund und erträgt geduldig, wie ich jedes Mal vor Lachen unter den Tisch kippe.

Als ich neulich stöhnte, dass ich nicht weiß, welcher Typ Speicherkarte in mein neues Aufnahmegerät für Radiobeiträge passt, griff Andreia sofort zum Autoschlüssel. „Wir fahren ins Einkaufszentrum. Irgendein Laden wird das Passende haben." Der Ablauf des Einkaufs war unserer Bankentour vom ersten Tag nicht unähnlich: Andreia zeigte meinen Rekorder herum und dann mich, wurde von einem Laden im zweiten Stock wieder ins Erdgeschoss verwiesen, am Ende hatten wir das passende Speichermedium und viele neue Freunde unter dem Verkaufspersonal.

Auf der Rückfahrt war ich beschämt, weil ich es in solch einer Situation vermutlich mit dem Hinweis „Versuch's im Einkaufszentrum, die können dir helfen!" hätte bewenden lassen. „Vielen Dank, das war super nett", erklärte ich zum wiederholten Mal, und Andreias Antwort war so typisch carioca wie ihre Hilfsbereitschaft: „Nada, tudo bem. Foi divertido." (Kein Problem. War doch unterhaltsam).

„Divertido" – das Gütesiegel des Cariocas schlechthin, lässt sich auf alle möglichen Bereiche anwenden – Film, Konzert, Verabredung, Busfahrt oder den Kauf einer Speicherkarte – und ist dabei der wichtigste Qualitätsmaßstab. Mir scheint, als sei der Carioca grundsätzlich bereit, sich mit allem zu beschäftigen in der Hoffnung, dass dabei etwas Unterhaltung herausspringt. Aus dieser Motivation heraus entstehen Gespräche auf der Straße, läuft ständig der Fernseher, war Andreia aber auch ohne Weiteres bereit, mit mir im Kino neulich einen georgischen Problemfilm anzuschauen. In kleinen Dosen ist für Cariocas beinahe alles divertido.

Die fünfte Woche in Rio, noch immer pumpt der Herbst die Stadt täglich auf 31 Grad hoch. Wie angenehm, die sonnigen Stunden im klimatisierten Globo-Gebäude zu verbringen. Am meisten erstaunt mich am Arbeitsalltag der Redaktion, dass am nächsten Morgen eine Zeitung erscheint. Die gesamte Mannschaft, alle Ressorts vom Lokalen über Politik bis zum Sport sitzen in einem Großraumbüro, ohne Trennwände, ohne Fenster. Allein das würde für die meisten deutschen Redakteure das Verfassen eines Artikels unmöglich machen. Beim Globo kommt nun noch hinzu, dass

a) Brasilianer grundsätzlich und themenunabhängig doppelt so laut reden wie Deutsche,

b) Telefonverbindungen, besonders mobile, oft so schlecht sind, dass telefonierende Brasilianer noch mal doppelt so laut reden wie doppelt so laut redende nicht telefonierende Brasilianer,

c) Brasilianer viel telefonieren,

d) jedes Ressort mindestens ein-, häufig zweimal pro Tag eine Ressortkonferenz im Großraumbüro abhält,

e) jeden Tag mindestens ein, häufig zwei Ressorts mit Ständchen, Applaus und Fettgebackenem den Geburtstag eines Kollegen feiern,

f) ab elf Uhr alle in der Redaktion aufgehängten TV-Geräte laufen. Zunächst mit den Nachrichten, was ablenkt, aber auch informiert, ab vier Uhr nachmittags mit den Globo-Novelas. Das lenkt nur noch ab. Zwar laufen sie ohne Ton, doch die Handlungsstränge sind sehr fokussiert auf das Wesentliche, und eine Novela-Figur kommt auf maximal fünf verschiedene Gesichtsausdrücke pro Staffel. Das versteht man ohne Ton.

Wenn ich trotz dieser Bedingungen häufig und gern zum Arbeiten hierher komme, so liegt das an meinen Kollegen. Ich hatte mich in der ersten Woche bei allen Ressorts vorgestellt und wurde überall herzlich willkommen geheißen, verbunden mit der Zusage „Olha só,[1] se tiver algum problema, alguma pergunta, é só falar tá?" (Falls du ein Problem oder eine Frage hast, musst du es nur sagen, ja?) Und das tue ich. Suche ich einen Politikwissenschaftler oder Soziologen, um Vorgänge zu deuten, hält Thiago aus dem Wirtschaftsressort nicht eher inne, als bis er mir einen redegewandten Gesprächspartner mit Handynummer geliefert hat. Mit der Nummer gehe ich zu Tarso aus der Kultur, den ich aus Berlin kenne, wo er den Winter als Stipendiat verbrachte und vor allem fror. Tarso ruft für mich an. Das ist für eine Auslandsreporterin entwürdigend, aber bislang meine einzige Chance sicherzustellen, dass beide Seiten denselben Termin notieren.

Ein sprudelnder Quell für die Themensuche sind die Lokalreporter João und Paulo. Jaime, der den ganzen Tag in einer stickigen Kabine Polizeifunk abhört, ist für jede Ablenkung dankbar und darum bei unspezifischen Fragen ideal. Für eine Plauderei an der Snackbar sind alle zu haben.

Seit Miguel wieder in Berlin ist, gehe ich sehr gern mit Tarso ins Kino und umkreise die Serviette, auf der Marisa, die beste Freundin von Miguels Freund Fabrizio, mir ihre Nummer notiert hat. Ich trau mich nicht sie anzurufen, weil sie mir ihre Nummer gab, nachdem wir gerade mal zwei Sätze miteinander gewechselt hatten. Ich halte mich für sehr sympathisch, aber das ging etwas schnell, und ich fürchte, sie wartet nicht wirklich auf meinen Anruf. Bislang bin ich auch noch ausreichend damit beschäftigt, mich an das zu gewöhnen, was in Rio normal ist.

Zu den Normalitäten in unserem Stadtteil Tijuca gehört es, dass man durch das Küchenfenster hintenraus Knallgeräusche hört. Denn nicht weit von unserem Haus geht es steil bergauf, und das bedeutet in Rio: Hier beginnt eine Favela, ein Armenviertel.[2] Die nächstgelegene vom Haus aus heißt Favela Morro da Casa Branca (Hügel des weißen Hauses). Auf dem Morro leben, wie in allen Favelas von Rio, nicht nur viele tausend arme Menschen, sondern auch einige Drogenhändler, die im geschützten Gassengewirr ihre Ware lagern und weiterverkaufen. Sobald die Polizei oder Mitglieder einer konkurrierenden Drogengang auftauchen, melden die Wachen Alarm, indem sie einen Feuerwerkskörper zünden. Das ist die eine Sorte Knall. Treffen aber Drogenbande und Polizei oder Drogenbande und Konkurrenzbande aufeinander, wird geschossen. Das ist die andere Sorte Knall. Es vergeht kein Abend, an dem es nicht irgendwann draußen knallt. Anfangs beruhigte ich mich in diesen Momenten selbst mit „Alles klar, nur ein paar Böller". Während Andreia seufzte: „Sieh an, schon wieder eine Schießerei."[3]

Bewunderte ich Andreia da noch unendlich für ihr feines Gehör, so kann ich nach fünf Wochen längst selbst unterscheiden. Kurios, wie man es in den abseitigsten Disziplinen zur Expertise bringt, wenn man oft genug damit konfrontiert wird. Die Explosion eines Böllers klingt wuchtig, ein Pistolenschuss hat weniger Volumen, ist härter und flacher.

Und auch mir bleibt nichts übrig, als trotz Schusswechsel in Hörweite meinen Toast zu greifen und mich zu den anderen an den Abendbrottisch zu gesellen.

Bei den Kulturtipps der Zeitung habe ich heute den „Dia dos Namorados" entdeckt, den Tag der Verliebten am 12. Juni. Nicht nur ein beliebtes Datum, um sich Eheversprechen abzunötigen, sondern auch ein Tag für die Bossa Nova, diese stilprägende Musik der Sechziger, die mit melancholisch-süßer Leichtigkeit immer nur von Liebe singt.

Um von der Liebe zu singen, ist dieser Sonntag ideal: Warm, windstill, die Sonne zieht langsam über die Floresta da Tijuca, und zu ihren Füßen glänzt in den letzten Lichtstrahlen die „Lagoa" (Lagune), ein Salzwassersee, der Rios Reichenviertel Ipanema von der Landseite her begrenzt. Durch Ipanema, das mir mit seinen schicken Apartmenthäusern und Schatten spendenden Bäumen wie eine andere Stadt erscheint, spaziere ich zur Lagoa, wo man der Bossa Nova heute eine große Bühne bereitet. Brasilianische Musikstars präsentieren „Bossa Nova in concert", gratis und unter freiem Himmel. Ich bin spät dran, auf der Bühne sitzen schon drei ältere Herren an der Gitarre und einer am Klavier, sie singen zusammen. Vor der

Bühne, so weit ich schauen kann, Menschen auf Plastikstühlen, tausende. Ich bleibe am Rand, arbeite mich an einem Dutzend Stuhlreihen vorbei Richtung Bühne, und in jeder Reihe schaue ich auf Menschen, die singen. Es singen alle – Schwarze, Weiße, Junge, Alte, Frauen, Männer.

„Kennen hier alle dieses Lied?", frage ich eine Frau neben mir. „Ja, sicher. Es heißt ‚Ela é carioca' (Sie ist carioca). Eine der schönsten Bossa Novas, die es gibt, weißt du. Eine Liebeserklärung an unsere Stadt."

Ein versonnenes, sehnsüchtiges Lied, und die vielen Leute singen es so zart in den warmen Himmel, dass es noch versonnener und sehnsüchtiger klingt. Zauberhaft.

„Wer sind die vier auf der Bühne?", frage ich meine Nachbarin. Ein Künstler löst den nächsten ab. Und der jetzt? Und die beiden? Nach einer Weile schalten sich auch die Umstehenden ein und warten gar nicht meine Frage ab, sondern erklären von sich aus: „Die da ist Leny Andrade, sie hat alle wichtigen Stücke interpretiert, sie ist die Stimme der Bossa Nova." Aus ihren Gesichtern spricht Verehrung für diese Musiker, die Brasilien hervorgebracht hat, und Freude an meinem Interesse. Sie referieren über Marcos Valle und schwärmen von Roberto Menescal, wenn sie nicht gerade versunken in die Melodien mitsingen. Sie wollen wissen, woher ich komme, ob mir Rio gefällt, und loben mein Portugiesisch. Wildfremde Menschen, die mit mir umgehen, als wäre ich ein freudig erwarteter Besuch.

Schließlich wird „Garota de Ipanema" (The girl from Ipanema) angestimmt, ein Lied, das mich als Schülerin am Klassenfahrts-Lagerfeuer fast noch mehr genervt hat als „Streets of London". Hier jedoch, gesungen auf Portugiesisch, von Menschen, die wissen, welche Straße das Mädchen zum Strand nahm, die ihren Namen kennen und ihren wiegenden Schritt, hier entdecke ich an diesem Lied eine verhaltene Grazie. Summend reihe ich mich ein in die Woge aus Musik und Menschen, viele haben die Arme zum Himmel gehoben. Ich spüre eine leichte Gänsehaut und das Glück, dass mir kein Ort einfällt, an dem ich jetzt lieber wäre.

In den nächsten zehn Sekunden wird die Entscheidung fallen. Entweder interviewe ich den weltbekannten Architekten Oscar Niemeyer, oder ich werde abgewiesen und darf heute Nachmittag in sieben Telefonaten sieben Radioredakteuren erklären, dass es nichts wird mit dem bestellten Portrait. Die Redakteure werden mir erklären, so hätten sie sich die Zusammenarbeit nicht vorgestellt, und das war es dann mit meiner Reporterkarriere in Rio de Janeiro. Der Türsummer geht, meine Beine werden weich.

Der Porteiro (Portier) winkt mich durch. Als wäre es Routine, Oscar Niemeyer zu treffen, den brasilianischen Nationalhelden, die lebende Legende! Ein ums andere Mal, wenn ich hier meinen Nachnamen sage, heißt es „Oh! Wie unser Oscar!" und der Sicherheitsmann am Eingang zum Globo-Gebäude ruft mir schon aus zehn Metern Entfernung „Aaah, Niemeyer!" zu.

1907 geboren ist Oscar Niemeyer der einzige Baukünstler der Welt, der selbst miterlebt hat, dass sein Werk zum UNESCO-Weltkulturerbe der Menschheit ernannt wurde. In einer Reihe mit der Akropolis oder der Inkastadt Machu Picchu steht die brasilianische Hauptstadt Brasília, von Niemeyer in den Fünfzigern am Reißbrett erschaffen und mitten in der Steppe aus dem Boden gestampft. Brasília ist das Gegenteil von Rio, eine weitläufige Retortenstadt, die kein Carioca wirklich mag oder auch nur versteht. Aber auf ihren Erschaffer und seinen Weltruhm sind alle Cariocas stolz. „Du musst ihn bitten, dass er dir was zeichnet", haben mir die Kollegen zugeraunt und hatten so ein Glitzern in den Augen.

Nun soll sich Niemeyer in Deutschland verewigen. Ein Spaßbad hat er entworfen, und zur Präsentation der Zeichnung wollen sieben Radiosender ein Portrait von mir haben. Für übermorgen.

Niemeyer hat sein Büro in einem Art-Déco-Hochhaus direkt an der Avenida Atlântica, deren Verkehr lauter rauscht als das Meer, das hundert Meter jenseits der Straße an die Copacabana schlägt. Aus seinem Foyer im Dachgeschoss kann ich über die ganze Bucht blicken. Mir ist flau im Magen.

Vier Wochen lang habe ich versucht, dieses Interview zu bekommen, angefangen von Deutschland aus. Niemeyers Sekretärin Vera sei eigenwillig, heißt es. Mein Eindruck ist: Sie richtet ihre Arbeit auf zwei Ziele aus: die Vermeidung von Interviewterminen jeder Art und die Vermeidung von menschlichen Regungen jeder Art. Bei meinem Anruf aus Deutschland spielte sich folgendes Rudiment eines Gesprächs ab.

Sie: Oi.

Ich: Hallo, bin ich beim Büro von Oscar Niemeyer? Ich bin Frauke Niemeyer, eine Reporterin aus Deutschland. Guten Tag.

Sie: (Stille)

Ich: Äh, ich komme übermorgen nach Rio und wollte fragen, ob es in nächster Zeit Gelegenheit gibt, Senhor Oscar zu interviewen.

Sie: Nein.

Ich: Äh, es muss nicht sofort sein. Im Juni präsentiert man Senhor Oscars Entwürfe in Deutschland. Bis dahin sind noch sechs Wochen Zeit.

Sie: Nein.

Ich: (Stille. Aus dem Hörer strömt eiskalte Luft an mein Ohr.)

Sie: Sonst noch was?

Ich: Äh, na ja. Warum denn nicht?

Sie: Er hat keine Zeit.

Ich: Also mir würde eine Stunde reichen. Ich könnte das Interview für mehrere Radios verwenden.

Sie: Nein.

Ich: Oh. Schade. Ja, dann ...
Sie: Tchau.

Nach der Pleite mit Vera[4] hatte ich fünf Wochen lang versucht, Niemeyer doch noch für mich zu gewinnen. Tarso besorgte über geheime Kanäle die Privatnummer seines Neffen João Niemeyer, der mit ihm zusammen arbeitet. Den Mann riefen wir jeden Tag morgens und abends an. João sagte jeden Morgen, er habe Oscar leider noch nicht wegen des Termins gefragt, wir sollten abends wieder anrufen. Abends sagte er, er habe Oscar leider noch nicht wegen des Termins gefragt, wir sollten ihn morgens wieder dran erinnern.

Mein erster Bericht aus Rio. Der Start in meine Auslandsreporterkarriere – gescheitert, weil ich es nicht schaffen würde, in sechs Wochen eine Stunde Interview zu bekommen? Andreia machte jeden Abend wenn ich nach Hause kam, denselben Witz: „Mensch, Fouk[5] (Frauke), schon gehört? Niemeyer ist tot."

Nach fünf Wochen versuchte ich mich in den Alten hineinzuversetzen. Wie fühlt es sich an, wenn man seit siebzig Jahren Interviews gibt? Schlagartig wurde mir klar, dass Niemeyer von Anfragen wie meiner bis zum Umfallen gelangweilt sein musste.

„Was hast du denn vor?", fragte Andreia, als ich mich mit Zettel und Stift an den Küchentisch setzte. „Ich schreibe einen Brief. An Niemeyer. Er ist ein alter Mann, vielleicht gefällt es ihm, einen handgeschriebenen Brief zu bekommen."

Sofort schnappte sich Andreia einen Stuhl, beriet mich hinsichtlich des Inhalts, korrigierte meine Grammatikfehler und machte hier und da eine Anmerkung wie: „Ich glaube, du hast nie wieder so gut Portugiesisch gesprochen wie in der ersten Woche."

So stellte ich Niemeyer in Schönschrift dar, wie lange ich seine Architektur schon bewundere, was für ein toller Zufall es sei, dass wir denselben Nachnamen tragen, und wie sehr es mein armseliges Dasein veredeln würde, während eines Interviews dieselbe Luft wie er zu atmen.

Am nächsten Morgen stand ich um neun Uhr vor dem Haus, denn Niemeyer soll noch immer jeden Morgen um diese Zeit ins Büro kommen. Und wirklich fuhr um 9.02 Uhr eine Limousine vor. Der Fahrer half Niemeyer aus dem Auto, der so gebrechlich wirkte, dass ich nicht wagte ihn anzusprechen. Ich drückte dem Fahrer meinen Brief in die Hand. Zwei Tage später rief Niemeyers Neffe mich an: „Oscar ist bereit. Wann kannst du kommen?"

Niemeyers Arbeitszimmer an der Copacabana ähnelt einer Besenkammer. Das einzige Fenster geht zum Innenhof und ist halb zugemauert. „Warum sollte mein Zimmer zu klein sein? Ich kann überall arbeiten. Meine Architektur habe ich im Kopf", sagt Niemeyer, der mich in einem Korbstuhl empfängt. Sein Blick ergänzt: „Noch so eine blöde Frage, und ich geh zeichnen."

Oha, jetzt nichts falsch machen, sonst ist das hier ganz schnell vorbei, sonst wird einer meiner beiden Albträume Wirklichkeit.

Albtraum a: Niemeyer ärgert sich und bricht das Interview ab.

Albtraum b: Niemeyer stirbt während des Interviews.

Ich schwenke auf sein Lieblingsthema: „Was behandeln Sie gerade in Ihrem philosophischen Gesprächskreis?" Die Miene hellt sich auf. „Oh, wir treffen uns morgen wie jeden Dienstag hier im Büro, und es geht um Aufklärung." „Kant?" „Den hatten wir schon. Eigentlich hatten wir alles schon, wir haben dann wieder von vorn angefangen. Grad waren wir bei Heidegger, den ich sehr mag. Er hat mal gesagt: ‚Der Verstand ist der Gegner der Vorstellungskraft.'"

Das glaube ich sofort, dass ihm der Satz gefallen hat. Er könnte nicht besser zu Niemeyer passen: Wenn „der Verstand" die Bauhausmoderne der Nachkriegsjahre war, immer im Bestreben, Prototypen und Systeme zu schaffen, den Schwung des einzelnen Stücks in die Serie zu überführen, dann war und ist Niemeyer „die Vorstellungskraft", das Bauen nach Intuition, ohne Theorie, nur für den Augenblick. Nur aus Verliebtheit in die Form, oder besser: in die Kurve.

Zu der Zeit, als in der Architektur alles viereckig und praktisch sein sollte, hat Niemeyer rund gebaut. Kurven gezogen, Wellen geformt. Ein rundliches Gebäude kann sehr unpraktisch sein, zum Beispiel wenn es ein Museum ist und man an den geschwungenen Wänden kein Bild aufhängen kann. „Ich habe mich nie angepasst", sagt Niemeyer. „Meine Architektur ist die Suche nach der anderen Gestalt, nach der neuen Lösung. Architektur ist Erfindung."

Über ihn sagen viele, es sei ihm gelungen, die Leichtigkeit des brasilianischen Lebens in Beton zu gießen. „Mich betören die Rundungen, wie ich sie in den Bergen meines Landes finde, in den Wellen des Ozeans und auf dem Körper der geliebten Frau", schreibt Niemeyer in seinen Memoiren. Andere Schlüsselsätze im Buch sind: „Das Leben ist ungerecht." Und: „Wo sind hier die Frauen?"

Weltbekannt wurde er in den Fünfzigern, als Brasilien einen Wirtschaftsaufschwung erlebte und sich als kommende Weltmacht sah. Der damalige Präsident Kubitschek rief seinen Freund Niemeyer an und sagte: „Brasilien braucht einen neuen Regierungssitz, ein Symbol für unsere blühende Zukunft. Oscar, bau mir eine Stadt." Und Niemeyer baute, mitten in der Steppe des brasilianischen Hochlands, dort, wo Kubitschek auf der Landkarte sein Kreuz gemacht hatte. „Ich erinnere mich noch an die langen Fahrten dorthin. Uns begegneten LKW voller Bauarbeiter aus dem ganzen Land, die auf Arbeit hofften. Brasília war wie ein Versprechen, die Armut hinter sich zu lassen", sagt Niemeyer, und dann: „Ich würde jetzt gern zu Mittag essen."

Was soll ich tun? Ich kann unmöglich aus fünfzehn Minuten Interview einen guten Beitrag bauen. Ich habe eine Seite meiner Frageliste abgearbeitet, sieben fehlen noch. Andererseits erleidet ein Hundertjähriger ohne Mittagessen womöglich einen Schwächeanfall.

„Eine Stadt, in der alle Menschen gleich gut leben können. Das war doch auch Ihre Vision von Brasília, nicht wahr? Wenn Sie mir die Frage noch gestatten?" „Architektur kann die Welt nicht verändern", sagt Niemeyer.

Eine Hauptstadt hatte Brasília werden sollen, wo Reiche und Arme in denselben Wohnblocks leben, der Minister neben dem Busfahrer. Nichts an ihr sollte an die koloniale Vergangenheit erinnern, den Küstenstädten ähneln, mit ihren engen Gassen und den alten Häusern der Portugiesen. In Brasília würden die Menschen über breite Straßen mit dem Auto fahren, dem Symbol des modernen Lebens.

Die Sätze des alten Mannes werden kürzer, und es hat nichts mit dem fehlenden Mittagessen zu tun. Die Visionen von damals sind nie Wirklichkeit geworden. Die Armen Brasílias leben heute in Slums vor der Stadt genau wie in anderen Metropolen. Weil die Reichen überallhin mit dem Auto fahren, sind die Straßen chronisch verstopft. Mit der zwölfspurigen Avenida Monumental, einem Gewirr von Auf- und Abfahrten, versprüht das Zentrum den Charme eines Autobahnkreuzes. 1960 wurde die Hauptstadt eingeweiht, und vom ersten Tag an musste Niemeyer sich verteidigen. „Ich hab nicht die Stadtplanung gemacht, ich war nur der Architekt."

Brasílias Architektur wiederum ist es, die Besucher aus der ganzen Welt fasziniert. Denn der Sitz des brasilianischen Senats ist rund wie eine Salatschüssel, das Kongressgebäude, die Kirche ebenso. Riesige Bauten, die so leicht wirken, so aus einem Guss, dass man meinen könnte, sie seien eines Tages mit einem langen Zischen aus dem Himmel eingeschwebt. „Was die Technik erlaubt, reizen wir aus und lassen immer mehr Stützen weg. Die Bauwerke sollen noch leichter wirken, wie losgelöst."

Leicht und den Menschen zugewandt hat sich Niemeyer seinen Staat gedacht, denn länger noch, als er Architekt ist, ist er Kommunist. Wie sehr muss es ihn geschmerzt haben, als vier Jahre nach der Einweihung Generäle in seine Paläste einzogen, um das Land zu terrorisieren. „Ich war im Exil in Paris, während meine Freunde gefoltert wurden. Das zu wissen war unerträglich." Erst Anfang der 1980er kehrte Niemeyer nach Brasilien zurück. Rio verdankt ihm den hinreißenden Blick auf das kreisrunde „Museu de Arte Contemporânea", in Niteroi an einen Felsen über dem Meer gelehnt.

Ob Niemeyer stolz ist auf seine Werke? „Wer sich für wichtig hält, ist ein Esel", sagt er. „Wir haben die Frauen, die Freunde, sind fröhlich. Aber wir wissen, das Leben dauert nur eine Minute."

Wie schön das Meer rauscht. An der Bucht von Ipanema sitze ich im Sand und halte mein Mikrofon den Wellen entgegen. Das ist nicht schlau, in der Dämmerung am fast verlassenen Strand teure Technik auszupacken. Den Rekorder hab ich in ein Tuch gewickelt, nur ein Stummel des Mikros schaut heraus. Das Risiko muss ich eingehen. Denn seit ich den Alten getroffen habe, weiß ich, dass ich kein Portrait über ihn machen will ohne das Rauschen des Meeres.

Einmal durchatmen. In der Redaktion vorhin hat Tarso mir geholfen, das Interview zu übersetzen. Am Nachmittag schmerzte mir der Kopf vom Zuhören, ich sprang in den nächsten Bus Richtung Zona Sul, zum ARD-Fernsehstudio, damit der Korrespondent Klaus Weidmann Niemeyers O-Töne auf Deutsch für mich einsprach. In meiner Sitzbank im Bus wusste ich nicht, was mich nervöser machte: der Zeitdruck oder mein 1500 Euro teures Radio-Equipment. Um bei einem Überfall mein Arbeitswerkzeug retten zu können, hatte ich

Bargeld, Manuskripte und Notizen im Rucksack verstaut, für die Technik hatte ich zwei Pakete Müsli gekauft, ausgeleert, die Geräte in die Müslikartons gelegt und sie wieder verschlossen. In einer billigen Plastiktüte lagen sie mit Papayas und einem Liter Milch scheinbar achtlos neben mir auf dem Sitz. Alles ging gut, Weidmann übersetzte Niemeyer einfühlsam und lebendig, begeistert davon hastete ich wieder los, mit einem weiteren Bus zum Strand.

Für fünf Minuten leiste ich es mir nun an nichts zu denken, den salzigen Wind zu spüren und den Wellen zuzuhören, die Niemeyer so liebt.

Eine Stunde später sitze ich schon fern vom Atlantik in meinem Zimmer in der Zona Norte, wo die Hitze des Tages sich zwischen den Häuserwänden staut. Mein neues Schnittprogramm bewährt sich. Um Mitternacht ist das erste Portrait fertig.

„Klar, kein Problem", hat Ana geantwortet, als ich sie fragte, ob ich später von ihrem Schlafzimmer aus meine Beiträge zu den deutschen Sendern mailen kann. Nun schläft sie hinter mir, während ich im Dunkeln vor dem Laptop hocke. Bei fünf Stunden Zeitverschiebung muss in Deutschland jetzt die Sonne aufgehen, und der Niemeyer-Beitrag kommt rechtzeitig für die Frühsendung. Vier Stunden und sechs Beiträge später falle ich ins Bett. Glücklich.

Ich arbeite hier! Ich gehöre jetzt dazu! Am liebsten würde ich alle umarmen, die mir auf dem Fußweg entgegenkommen. Mein Niemeyer-Marathon ist drei Tage her, die Redaktionen bitten um weitere Angebote.

Seitdem laufe ich durch die Stadt und fühle mich so leicht wie Oscar Niemeyers schwebende Bauten. Aus dem Busfenster heraus entdecke ich Niemeyers Einfluss auf Rio. Sehe plötzlich, wie verspielt viele Häuser gebaut sind, Fassaden mit winzigen Kacheln beklebt, kurvige Erker, die wie Busen aus der Hauswand ragen, zehnstöckige Bauten, die wie eine einzige große Welle geformt sind. Davor sehe ich die Menschen auf der Straße fröhlich plappern, die Mütter in T-Shirt, Rock und Badelatschen, mit fünf Einkaufstüten in der einen und drei Kindern an der anderen Hand. Da ist sie wieder, diese Dynamik, diese Leichtigkeit, bis hin zum Rausch. Ich bin in Rio!

Ich musste noch kurz auf das Meer schauen. Rogério, ein Journalist, den ich aus dem Stipendiumsprogramm kenne, hat mich heute Abend zu sich eingeladen, er wohnt in Ipanema, laut Plan drei Häuserblöcke vom Strand entfernt. Als ich aus dem Bus stieg, hatte ich plötzlich solche Sehnsucht, also bin ich kurz abgebogen und ans Meer gegangen. Wenn ich die Ellipse des Strandes hinunterblicke, sehe ich, wie sich die Wellen langsam nach oben drücken, sich schließlich steil aufstellen, nach vorn kippen, um dann kraftvoll und schäumend zu brechen. Am Ende des Strands ragen die „Dois Irmãos" in die Höhe, die „Zwei Brüder", so steil und kahl wie der Zuckerhut strecken sich die beiden Berggipfel miteinander gen Himmel. Das Meer, die Berge, die Lichter der Stadt zu ihren Füßen – mich von diesem Anblick zu trennen fällt schwer.

„Oi, Rogério", sagt zehn Minuten später der Porteiro ins Haustelefon, „hier ist ..." – zu mir gewandt: „Sag noch mal, wie du heißt?" „Frauke." „Hier ist Frook für dich ... Kann hochkommen? Tudo bem." Er wendet sich zu mir: „Rogério wohnt im elften Stock, da hinten ist der Aufzug. Tá bom?" „Tá bom, obrigada você. (Danke dir.)" [6]

Ein Gebäude vielleicht aus den Siebzigern, Foyer und Flur in Braun-Beige, nicht mehr ganz schick, der Fahrstuhl schon klapprig. Aber es wirkt heimelig. Als mich Rogério an die Fensterfront im Wohnzimmer führt, kommt der Moment, wo ich zu atmen vergesse: Zu meinen Füßen liegt Ipanema. Gelbes Licht aus unzähligen Küchenfenstern, hohe Häuser, niedrige Häuser, überall Balkone, Blechdächer, Steindächer, dazwischen

Baumkronen, Familien beim Abendbrot auf der Dachterrasse. Am Horizont aber ragen die Dois Irmãos schwarz in den Himmel, mit orangefarbenen Lichtern aus tausenden von Hütten lehnt sich die Favela Vidigal an ihren Sockel. Daneben beginnt die Floresta da Tijuca, jenes Gebirge, das die Zona Sul umarmt, und zu ihren Füßen tauchen die Lichter der Stadt in die Lagoa, an deren Ufer ich die Bossa Nova entdeckte.

„Eigentlich ist das hier die falsche Seite, nach Süden", erklärt Rogério. „Süden ist ein Minuspunkt in Rio, im Sommer einfach zu heiß." „Zu heiß gibt's bei mir nicht", entgegne ich. „Ist es okay, wenn wir den ganzen Abend hier stehen bleiben?" „Schon recht", sagt Rogério, „ich muss es auch noch etwas genießen. Ich hab nämlich einen neuen Job. Nächsten Monat verlasse ich Rio und fange bei der ‚Folha de São Paulo' an." Die „Folha de São Paulo" genießt unter Brasiliens Tageszeitungen den besten Ruf. „Das ist toll, Rogério! Herzlichen Glückwunsch", sage ich. Und dann stellen sich mir die Nackenhaare auf: „Ich will deine Wohnung."

Anmerkungen zum Junho

[1] Der Carioca, ohnehin ein Connaisseur von Füllwörtern und blumigen Ausdrücken, hat eine Schwäche für Einleitungen. Sechzig Prozent aller Aussagen leitet er mit „Olha só ..." (Hör mal) ein. Natürlich steht es jedem frei, die Einleitung mit zu übersetzen, doch hat sie keinerlei Bedeutung. Soll die Einleitung eine Bedeutung haben, so ergänzt der Carioca die Primär-Einleitung durch eine Sekundär-Einleitung, nämlich „O negócio é o seguinte ..." (Es geht um Folgendes ...) Die bedeutet: Obacht! Sie zeigt an, dass im Anschluss die komprimierte Darstellung eines komplizierten Sachverhalts folgt. Ebenso kann ihr jedoch die verkomplizierte Darstellung eines an sich einfachen Sachverhalts folgen, etwa um den Zuhörer zu verwirren. Falls ein Carioca in einer Preisverhandlung (Taxifahrer, Straßen-

händler) die Sekundär-Einleitung „O negócio é o seguinte" benutzt, so bedeutet das, dass man jetzt übers Ohr gehauen wird. Für die vierzig Prozent Aussagen, die der Carioca nicht mit „Olha só" anfüttert, verwendet er die ebenfalls sinnfreie Primär-Einleitung „Aí" (nicht übersetzbar). Als Ausleitung stellt der Carioca mit „Entendeu?" (Hast du verstanden?) oder „Sabe?" (Weißt du?) sicher, dass das Gegenüber überhaupt noch zuhört. Man bestätigt mit „Aaaah, entendi" (Hab verstanden) oder „Sei, sei." (Ich weiß.)

[2] Als 1888 die Sklaverei in Brasilien abgeschafft wurde, wurden viele der Befreiten entlassen. Man stellte an ihrer statt weiße Arbeiter ein oder machte die Plantage dicht. So standen viele ohne Bleibe, ohne Arbeit da, vor allem ohne das, was ihnen nach Jahren barbarischer Ausbeutung mindestens zugestanden hätte: eine eigene Scholle Land, um sie zu bestellen. (Bis heute steht in Brasilien eine Landreform aus, die dieses Unrecht an den Nachkommen der Sklaven wiedergutmachen könnte. Lula hatte sie versprochen, wie viele vor ihm, sich dann jedoch acht Jahre davor gedrückt.) Die ehemaligen Sklaven hatten nichts, und so kamen sie in die Stadt, um Arbeit zu finden, bauten sich Hütten am Rand, die ersten Elendsviertel entstanden. Ihr Name entstand jedoch erst einige Jahre später: Im Jahr 1897 kehrten Soldaten von einem Feldzug in Bahia zurück. Während der Kämpfe dort hatten sie die Stellung auf einem Hügel gehalten, der bewachsen war mit einer Wildblume namens Favela. Als sie sich nun mit den Mädchen, die sie aus Bahia mitgebracht hatten, ihre Bleibe einrichteten, auf dem Morro da Providência, nördlich der Innenstadt, nannten sie ihr armes Viertel dort oben „Favela". Bald trugen alle elenden Pflaster diesen Namen.

[3] Der Drogenmarkt in Rio ist unter drei großen Kartellen aufgeteilt. Das „Comando Vermelho" (Rotes Kommando) entstand Ende der 1970er in einem Gefängnis. Es wurde zum mächtigsten Verbrecherkartell Rio de Janeiros. In vielen Favelas prangen die Initialen „CV" an Hauswänden, zum Zeichen, dass sie unter Kontrolle des Comando Vermelho stehen. Ein Machtkampf an der Spitze des CV sorgte für die Abspaltung einiger Köpfe und ließ seinen schärfsten Konkurrenten entstehen, das „Terceiro Comando Puro" (Drittes Kommando). In den Neunzigern kam als dritte Kraft „Amigos Dos Amigos" (Freunde der Freunde) hinzu. Jede vom Drogenkrieg dominierte Favela gehört einem dieser Kartelle an. Für Nichtbewohner sind Favelas absolutes Sperrgebiet.

[4] Oscar Niemeyers Sekretärin Vera ist seit 2006 auch seine Gattin. Niemeyers Familie soll von der Eheschließung mäßig begeistert gewesen sein.

[5] Mein Name ist eine sprachliche Hürde, die für Cariocas nicht zu nehmen ist. Dabei ist der Umlaut „äu" gar nicht das größte Problem, der findet sich vereinzelt auch im Portugiesischen, etwa in „fraude" (Betrug). Der Carioca scheitert am unspektakulären „ke" hinten. Mit einem stimmlosen „e" am Wortende kann man in Brasilien nichts anfangen. Steht ein „e" hinten, wird es zum „i". Man sagt „Boa noitschi" (boa noite = gute Nacht) und „Fraudschi" (fraude) und „enschentschi" (enchente = Überschwemmung). Da ich meinen Namen nur sage, aber nicht aufschreibe, erkennen die Gesprächspartner gar nicht, dass hinten ein „e" kommt. Das Ansinnen, Cariocas meinen Namen beizubringen, habe ich in der zweiten Woche aufgegeben.

[6] Meine ständige Duzerei ist schlichte Anpassung an die hiesige Umgangsform. Verwendet wird in fast jeder Situation, ausgenommen Unterredungen mit einem deutlich älteren Gegenüber oder in extrem formaler Situation, das „você", dem „du" entsprechend. Es wird mit einem Verb der dritten Person gebildet, nur eine der vielen Erleichterungen des brasilianischen Portugiesisch, denn man spart sich beim Konjugieren zwei von sechs Formen. Als Deutsche muss man sich daran gewöhnen, vom Korbmacher bis zum Bankkaufmann alle zu duzen. Rio ist sehr informell.

Julho

SO GEHT ES NICHT WEITER, ich muss schlafen. Schon die dritte Nacht in meiner neuen Wohnung in Ipanema, und wieder kann ich die Augen nicht vor diesem Blick verschließen. Meine erste Aktion nach dem Einzug war: die große Matratze aus dem Schlafzimmer ins Wohnzimmer vor die Fensterfront zu wuchten. Seitdem mache ich dort alles: essen, schlafen, lesen, arbeiten.

Gerade als ich beschlossen habe, die Augen nun ernsthaft zu schließen, fällt der erste Schuss. Ich weiß, dass es ein Pistolenschuss war. Und doch klingt es anders als bei Andreia, lauter, näher. Soll ich das Schiebefenster schließen? Rausgucken? Ein neuer Knall, dann ein Maschinengewehr und weitere Schüsse, als würden sich die Waffen antworten.

Endlich habe ich einen klaren Gedanken: weg vom Fenster. Gebückt greife ich die Matratze und ziehe sie nach hinten in den Flur. Vier Meter sind es nun, die mich von der Glasfront trennen, ein Querschläger müsste schon aus großer Höhe abgefeuert werden, um mich hier noch zu treffen. Oder müsste er nur ungünstig an der Decke abprallen? In den letzten Wochen habe ich zwei, drei Mal in der Zeitung von Menschen gelesen, die durch einen Querschläger ihr Leben verloren. Irgendwelche Leute, die im Bus saßen, oder im Café oder zuhause – „bala perdida" nennen sie das hier, verlorene Kugel. Klingt fast poetisch. Draußen knallt es von Neuem, und mir ist nicht nach Poesie.

Wieder greife ich die Matratze, wuchte sie durch meine kleine Küche in das eingebaute Dienstbotenzimmer.[1] Nun scheint mir dieses Zimmer ohne Fenster der attraktivste Ort in meiner Wohnung.

Die Schüsse klingen wie um die Ecke. Was ist bei mir um die Ecke? Das Haus steht am Ende der Rua Nascimento Silva, einer Sackgasse, und warum ist es eine Sackgasse? Weil direkt hinter uns der Hügel beginnt. Steil, fast parallel zum Haus steigt der „Morro do Cantagalo" in die Höhe. Unten eine schroffe Felswand, an Schlingpflanzen läuft Quellwasser hinunter. Weiter oben etwas flacher, dort beginnen die Hütten. Meine Nachbarn nach hinten raus müssten direkt drauf gucken, auf die Favela Cantagalo. Holz, Blech und roter Backstein, unverputzt – der Blick aus unserem Haus nach hinten.

Was machen jetzt wohl die mit Fensterfront zur Favela? Liegen vielleicht auch im Dienstbotenzimmer. Oder sind Schießereien so sehr Teil ihres Alltags, dass sie nicht einmal davon aufgewacht sind?

Und was machen die in den Backsteinhütten? Irgendwo zwischen diesen Mauern müssen ja die Typen kauern, mit den Waffen in der Hand. Vielleicht hat sich einer mit dem gegnerischen Drogenkartell eingelassen, wollte ein paar Real extra verdienen, und ist aufgeflogen. Vielleicht kauert er schon nicht mehr, vielleicht liegt er schon am Boden, und sein T-Shirt färbt sich rot vom Blut. Natürlich ist es dämlich, sich das jetzt vorzustellen. Aber irgendso etwas muss da doch gerade passieren, sonst würde nicht geschossen, dreißig Meter von mir entfernt.

Erst jetzt wird mir klar, warum mir dieser Moment so absurd erscheint: Es ist die Stille nach dem Schuss. Tatsächlich gibt es wohl keine markantere, absonderlichere Stille als die nach einem Schuss. Ich hätte Sirenen erwartet, Polizeiautos, Menschen, die schreien, eine Umgebung, die reagiert. Aber nichts. Nichts ist zu hören.

Das erinnert mich daran, wie ich schon einmal in Rio auf eine Reaktion gewartet hab und nichts passierte.

Damals im Bus, mit Ralf. Wir hatten kein Kleingeld für den Schaffner, darum hat Ralf seine Scheine aus der Tasche gezogen beim Bezahlen. Das hatten drei Jungs gesehen, sechzehn Jahre alt vielleicht, T-Shirt, Shorts, dunkelhäutig. Es war Nachmittag. Als wir Plätze suchen wollten, standen die drei plötzlich im Gang, redeten irgendwas und deuteten auf zwei leere Bänke: da hinsetzen. Ich dachte, haben die noch alle beisammen? In einem Bus voller Leute in Copacabana? Ich maulte rum, sie sollten den Quatsch lassen. Da schaute mich Ralf an und sagte: „Frauke, halt die Klappe, der Typ hat 'ne Waffe."

So ein Westerncolt war das, der Lauf drückte in Ralfs Rücken, mit großem Magazin, ich konnte die Kugeln sehen.

Wir haben uns hingesetzt und dann haben die drei in Ruhe unseren Rucksack ausgepackt, während in meinem Kopf die Situationseinschätzungsmaschine ratterte. Geht es hier um hundert Real oder um unser Leben? Welche Fehler könnten zum Verhängnis werden? Wer ruft die Polizei?

Ich blicke zum Schaffner, der hinter seinem Kassierpult gesessen hat. Nun liegt er. Er hat die Arme über dem Pult gekreuzt und den Kopf darauf gebettet. Ich glaube nicht, dass er geweckt werden möchte. Ich glaube, er verdient sich gerade etwas Extragehalt, indem er so daliegt. Alle anderen, vor uns, hinter uns, neben uns, schauen konzentriert aus dem Fenster.

In diesem Moment wird mir klar, dass es eine Sache zwischen uns beiden und den dreien ist. Sind die gut drauf, nicht zu verstrahlt von Drogen, nicht gestresst, weil sie das noch nicht so oft gemacht haben, mit der Beute zufrieden, dann kommen wir unbeschadet raus. Wenn nicht, dann hilft uns keiner.

Ihre Beute sind achtzig Real in bar, rund dreißig Euro, und das scheinen sie zunächst mal akzeptabel zu finden. Sie haben Ralf seine Silberkette abgenommen – ein Geschenk seiner Exfreundin, das kommt mir entgegen.

Draußen sehe ich das „Hotel Turístico", unsere gemütliche Bleibe. Der Bus fährt direkt daran vorbei, trotzdem scheint das Hotel wie aus einem anderen Leben, aus dem ich gerade ausgeklinkt wurde.

Ich merke, wie ich Blickkontakt zu dem mit der Knarre suche. Ich will, dass er mich anschaut und ihm bewusst ist, wessen Menschenleben es wäre, das er auslöscht, falls er aus irgendeinem Grund abdrückt.

Einer packt die Beute ein, wir bekommen den Rucksack zurück, irgendwie ist der Überfall jetzt beendet. Mit Ralf tausche ich Blicke, und diese Verkrampfung bis in die Haarwurzeln, die man spürt, wenn man nicht mehr Herr der Lage ist, beginnt sich ein winziges bisschen zu lösen. Nur, die drei steigen nicht aus. „Was passiert jetzt?", frage ich Ralf. „Weiß nicht, aber wir sollten nicht fragen, ob wir vor ihnen raus dürfen." „Dann warten wir ab, oder?" Die Frage ist total überflüssig, aber ich möchte gern noch mal Ralfs Stimme hören. Und wenn er nur wieder „Halt die Klappe" sagt.

Dann denke ich für einen Augenblick, meine Situationseinschätzungsmaschine habe doch zu früh Entwarnung gegeben. Womöglich bleiben die drei jetzt einfach neben uns sitzen, bis wir an der Endstation ankommen, an irgendeiner ranzigen Betonruine in der Zona Norte, und da stehen wir dann wie die Idioten und warten darauf, was man sich sonst noch so mit uns vorstellen kann. Mit mir vorstellen kann?

Nach einer Ewigkeit von drei Minuten bewegen sich die drei zur Tür, dann sehe ich sie draußen, der Bus fährt an. Wir haben keinen Schimmer, wo wir sind, steigen aber beim nächsten Halt auch aus. Durchatmen. Da stehen wir also an irgendeiner Verkehrsader in Rio ohne einen Real in der Tasche, kein Bankhaus in Sicht. „Gute Geschichte für zuhause", sagt Ralf. „Hast du gedacht, das geht nicht gut aus?", frage ich. „Ich hatte Angst." Hand in Hand machen wir uns auf den Weg zurück und sehen die Banditen an der vorigen Haltestelle rumstehen, zwischen anderen Passanten. „Sollen wir sie fragen, ob sie uns vier Real für den Bus zurückgeben?" Das Lachen löst die Anspannung, zwei Stunden später liegen wir auf dem Hotelbett. „Ich konnte es nicht fassen, dass alle Leute weggeschaut haben. Als wären sie nur Kulisse. Als wären wir trotzdem ganz allein mit den dreien." „Wer eingreift", sagt Ralf, „riskiert ja sofort sein Leben. Würden wir das machen?" Nein, würden wir nicht. Und dass wir Touristen sind, sieht jeder. Achtzig Real Verlust werden uns nicht schmerzen.

War es also nicht das einzig Richtige, was die Leute im Bus damals gemacht haben, und was heute Nacht die Nachbarn in der Favela und in meinem Haus tun? Sich ducken, stillhalten, abwarten. Hoffen, dass es bald vorbei ist, und am nächsten Tag weiterleben.

Wir hatten damals noch einen schönen Urlaub. Haben Kreditkarten im Schuh verstaut, nicht mehr durch den ganzen Bus Deutsch geredet, keinen echten Schmuck getragen. So fühlten wir uns gewappnet.

Heute habe ich viel stärker das Gefühl, dass wir damals großes Glück hatten. Neulich hörte ich von zwei Touristen, die in einem Badeort überfallen wurden. Geld: okay, Handy: bitteschön, aber ihre Spiegelreflexkamera wollten sie nicht rausgeben, nicht an diese kleinen Idioten, Schulkinder, die da vor ihnen rumhampelten, einen auf dicke Hose machten. Da haben die Schulkinder abgedrückt.

Wer die Waffe hat, entscheidet, das muss man sich in Rio eintätowieren, um es nie, niemals zu vergessen. Um bereit zu sein, sich bis zur Unkenntlichkeit willig und kleinzumachen, egal wie überlegen man sich sonst fühlt.

Noch zweimal höre ich Schüsse, dann bleibt es still.

Am nächsten Morgen erscheint mir die vergangene Nacht unwirklich. Der Himmel blau, es ist Freitag, nichts Dringendes zu tun, perfekt, um vor der Arbeit ein Bad im Atlantik einzuschieben. Kaum zu fassen, dass ich seit sechs Wochen in Rio bin und es erst viermal an den Strand geschafft habe.

Die Zona Norte war einfach weit weg vom Ozean, von dem

Rio, das ich in meinen Urlauben so liebgewonnen hatte. Und trotzdem ist mir der Abschied von Andreia in Tijuca schwergefallen. Wir haben so entspannt zusammengelebt, dass am Küchentisch jedes Thema möglich war, das Verhältnis der Kinder zum Vater, die politische Ausrichtung des Globo-Konzerns oder die Frage: Was ist der faire Lohn für eine Empregada? Andreia wird mir fehlen, nicht nur, weil sie mir zum Abschied Lasagne gekocht hat, mit einer Extraportion ohne Schinken.

Egal, ob ich zur Arbeit, zum Einkaufen oder zum Strand unterwegs bin, immer wird mein Weg nun die Rua Nascimento Silva hinunterführen, meine neue Adresse und eine Straße, die, wie mir Andreia erklärte, von der Bossa-Nova-Legende Tôm Jobim sogar in einem Lied besungen wurde.[2]

Ich spaziere unsere Einfahrt hinunter in den Schatten der ausladenden Bäume, die rechts und links die Straße säumen. Lianen hängen herunter, die Blätter ähneln denen eines Gummibaums. Die Luft unter diesem Blätterdach ist wunderbar kühl, am ersten Nachbargrundstück wischt ein Porteiro die Pflastersteine des Fußwegs. Er schaut hoch. „Bom dia", sagt er, nein singt er. Wer üben will, Portugiesisch so melodisch wie die Cariocas zu sprechen, fängt am besten mit „Bom dia" (gespr. Bong dschiiiia) an. Das „Bom" als Grundton hoch angesetzt, für „di-a" schmiert die Stimme eine Quart nach unten. Dazu muss man lächeln, das färbt den Ton. Ich fürchte, wer sich einmal daran gewöhnt hat, „Bom dia" zu singen, möchte in seinem Leben nie wieder „Tach" sagen müssen.

Fast alle Häuser in meiner Straße liegen ein bisschen zurück, manche nur drei, andere neun Stockwerke hoch, viel Glas an der Fassade oder Mosaike. Manche Häuser sind einfach, die meisten feudal. Alle jedoch werden von mannshohen Gittern geschützt, die vor das Grundstück gezogen sind. Der Vorgarten: ein gepflasterter Aufgang, zwischen Beeten mit sattgrünen, tropischen Pflanzen.

Ich treffe drei weitere Porteiros, die sich beim Blätterfegen auf dem Fußweg unterhalten. Über ihnen hängen Käfige mit zwitschernden Kanarienvögeln der Hausbewohner im Baum, zum Auslüften. „Bom dia", singe ich. „Bom dia", singen die Männer.

An der Ecke ist meine neue Bäckerei. „Panorama" steht an der runden Fassade, drin gibt es Blätterteigteilchen, denen die siebzig Prozent Zucker an den Seiten herausquillen. Meine Bäckerei hat aber auch als einzige mir bekannte ein dunkles Brot mit Körneranteil im Sortiment. Als hätten sie auf mich gewartet: Es heißt: deutsches Brot, „pão alemão".

Ich stehe mitten auf der ruhigen Kreuzung, schaue nacheinander in alle vier Richtungen und langsam dämmert mir, was mich so verwirrt. Aus Berlin bin ich gewohnt, dass der Blick in eine Straße damit endet, dass sie auf eine Querstraße trifft, oder auf weitere Häuser. Hier schaue ich in meine Rua Nascimento Silva und sehe am Ende einen sattgrün bewachsenen Felsen. Ich dreh mich im rechten Winkel, schaue in die Rua Farme de Amoedo, und sie endet vor sattgrün bewachsenem Felsen. Eine weitere Drehung, ein Blick in das lange Ende der Nascimento Silva endet in diffusem Grün, denn sie zieht sich kerzengerade noch anderthalb Kilometer durch Ipanema bis zu einem kleinen Park. Der vierte Blick, die Rua Farme de Amoedo zur anderen Seite, endet im Blau des Himmels über dem Meer.

Mag sein, dass es an diesen Farben liegt, dass ich in den nächsten Monaten in dieser desorganisierten Großstadt nie das Bedürfnis verspüren werde, ich müsste dringend mal raus. Natur erleben, Weite sehen, durchatmen. Das kann ich alles hier.

Der Strand blendet, so hell ist der feinkörnige Sand. Ein paar betagte Damen trainieren Volleyball, während ihr Trainer plärrt, man solle sich mehr bewegen.

Mit der Zeitung lege ich mich auf mein Badetuch. Da ich noch keinen bezahlbaren Portugiesischlehrer gefunden habe, giere ich danach, mein Sprachvermögen im Alltag zu trainieren. Ständig belausche ich Gespräche – im Bus, an der Ladentheke, am Nebentisch – und auch die tägliche Zeitungslektüre findet nicht ohne Kuli und Vokabelheft statt.

Am wichtigsten ist mir der Lokalteil, um herauszufinden, wie diese Stadt so tickt. Der Aufmacher ist in der Regel ein Skandal, der das Versagen des Bürgermeisters oder einer Behörde zum Thema hat – Straßenzüge, seit Tagen ohne Licht, Abwasserprobleme, oder man stellt städtebauliche Pläne für die Fußball-WM 2014 und Olympia 2016 vor.

Zum Lernen ist der Polizeibericht ideal, auf die eine oder andere Art wird täglich ein Mittelschichtler der Zona Sul überfallen, sei es im Auto oder auch in der eigenen Wohnung. Perfekte Lektüre – spannend, beängstigend, und jeder Feierabendpädagoge weiß, mit emotionalem Bezug lernt sich eine Vokabel doppelt so schnell. Mein Wortschatz bildet sich insofern etwas einseitig aus: Dieb, Diebstahl, Entführer, entführen, klauen, entreißen, bedrohen, Drohung, schmuggeln, überfallen, Messer, Revolver, Opfer, Geisel, Beute, Zeuge, verdächtig, festnehmen, Festnahme – keine Fahndungsakte, sondern mein Vokabelheft.

Ganz ähnliche Vokabeln finde ich anschließend auch im Politikteil. Politik in Brasilien ist ein schwieriges Geschäft, und der Ausdruck „Geschäft" trifft es ganz gut. Ohne Fünf-Prozent-Klausel wimmelt das Parlament vor Kleinstparteien, deren Stimme man braucht, um Gesetze durchzubringen. 2003 trat Luis Inácio Lula da Silva das Präsidentenamt an. Der Führer der Arbeiterpartei „PT" (Partido dos Trabalhadores) war Hoffnungsträger der Armen, doch hatte er keine Mehrheit im Parlament. So geriet die PT nach nur zwei Jahren an der Regierung mächtig ins Wanken, weil ans Licht kam, dass sie Abgeordnete anderer Parteien bezahlte, damit sie Gesetzesvorhaben durchwinken. Wöchentlich mussten hochrangige PT-Leute zurücktreten, einen erwischte man mit 100 000 US-Dollar in der Unterhose. So dreht es sich im Politikteil häufig mehr darum, *wie* Politik gemacht wird als *welche* Politik gemacht wird.[3]

Nach einer halben Stunde bin ich weichgekocht. Sattblaue See, ruhig. Ich schwimme hinter die Brandung und lass mich von den Wellen treiben.

Rogério hat gesagt: „Du kannst zwei Busse zur Arbeit nehmen: den orangefarbenen 433er Richtung Vila Isabel oder den weiß-blauen 465er nach Grajaú." Kaum stehe ich an der Haltestelle, da naht ein orangefarbener Bus. Ich strecke die Hand aus und suche den Blick des Fahrers, damit er versteht, dass ich seinen Bus meine und nicht einen der anderen vier, die zugleich ankommen. Weil drei der anderen vier Busse die Haltestelle belegen, hält mein Bus in zweiter Reihe. Ich schlängele mich also zwischen der Windschutzscheibe eines 562er nach Méier und dem Auspuff eines 438er nach Vila Isabel hindurch, dann am 562er seitlich entlang zur Einstiegstür meines 433ers und steige ein.

Wer in Rio die Metro nicht nutzen kann, die nur aus zwei Linien besteht, fährt Auto, Sammeltaxi, Taxi oder Bus. Das Fahrrad ist ein Sportgerät. Gearbeitet wird im Centro, zwischen Zona Sul und Zona Norte. Um von Ipanema dorthin zu kommen, hat man drei Wege zur Auswahl: Entweder um die Lagoa (Lagune) herum, unter den Bergen hindurch, und dann rechtshalten. Oder an der Küste entlang von Ipanema nach Copacabana, dann links ab und an der Bucht entlang. Mein Bus nimmt den dritten Weg: die dreispurige Hauptstraße mitten durch Ipanema und Copacabana. Alle drei Wege sind chronisch verstopft, und das liegt auch an der Geographie von Rio. Der Zuckerhut ist nämlich nur einer von vielen Bergen, die, wenn man mitten durch die Stadt gehen will, plötzlich vor einem aufpoppen, und dann ist Schluss. Der Morro do Cantagalo hinter meinem Haus und der benachbarte Morro dos Cabritos verhindern zum Beispiel, dass man von Ipanema direkt zur Guanabara-Bucht fahren kann. Es geht nur über Copacabana, wobei dort auch schon wieder der Morro do São João und der Morro da Babilônia im Weg stehen. Sie sehen ja toll aus, diese Morros, aber sie machen das Stadtleben nicht gerade einfach.

Wegen dieser ständigen Hindernisse kommt so etwas wie Verkehrsfluss in der Zona Sul nicht zustande. Es handelt sich eher um Kolonnen von durchschnittlich vier Privat-PKW, zwei Lieferwagen und drei Taxen, eingekeilt zwischen fünf Bussen, die sich hinter- und nebeneinander von einer roten Ampel zur nächsten schieben. Um einigermaßen im Zeittakt zu bleiben, versuchen die „Motoristas" (Busfahrer), auf der Strecke zwischen den zwei Ampeln das Fahrzeug von 0 auf ca. 80 km/h zu beschleunigen. Dem Ansinnen des Motoristas kommt dabei zugute, dass er nicht für das Abkassieren des Fahrpreises zuständig ist, sondern dafür hinter ihm ein Schaffner an einem Drehkreuz sitzt. Der Busfahrer kann also, sobald der letzte Fahrgast eingestiegen ist und noch auf der Einstiegsstufe steht, das Gaspedal durchdrücken, im steten Vertrauen darauf, dass jener letzte Fahrgast sich mit beiden Händen an irgendeiner Stange oder am vorletzten Fahrgast festhält, seine Habseligkeiten zwischen den Beinen fixiert hat, die Tür hinter ihm vermutlich in Kürze durch den Fahrtwind zufliegen wird oder dann ja immer noch per Knopfdruck geschlossen werden kann. Hauptsache, man kommt erst mal los.

Schlaglöcher werden sportlich genommen, die Federung an den Personalsitzen gleicht knartschend heftigste Huckel aus, während die Fahrgäste fünf bis zehn Zentimeter in die Höhe und bei der nächsten Vollbremsung noch einen Meter nach vorne fliegen. Das Fahrwerk knallt gegen den Bus-Unterboden, und ich bin immer aufs Neue erfreut, wenn die Karosserie doch nicht in der Mitte durchbricht, wie es sich eigentlich angehört hatte. Wenn in dieser Situation Sandra Bullock und Keanu Reeves beginnen würden, sich auf einer Boden-klappe liegend aus dem fahrenden Bus abzuseilen („Speed", USA 1994), würde es sich so ins gesamte Setting einfügen, dass sie keine Chance hätten, auch nur bemerkt zu werden.

Sympathisch finde ich, dass ein Motorista ungeachtet des permanenten Zeitverzugs immer bereit ist, auch mithilfe einer Vollbremsung auf freier Strecke zu halten, sei es, dass er auf dem Fußweg einen Bekannten erspäht hat oder der Schaffner auf Toilette muss. Wichtig ist für den Fahrgast Richtung Centro nur, sich immer auf eine rechte Bank ans Fenster zu setzen. Hinter dem Tunnel von Copacabana nach Botafogo fährt der Bus nämlich auf eine hochgelegte Trasse. Sie umrundet einen weiteren Morro und bietet in einer nicht enden wollenden Linkskurve dem Fahrer die Gelegenheit, die Bodenhaftung der innenliegenden Reifen zu testen. Dabei entsteht ein beachtlicher Zentrifugalsog nach rechts. Touristen im Bus erkennt man daran, dass sie aus der linken Sitzbank fallen. Auch ich habe mit solch einem entwürdigenden Abrutsch bereits zum Amüsement der übrigen Fahrgäste beigetragen.

Touristen rutschen aus ihrer Sitzbank, Zugereiste hingegen erkennt man im Bus daran, dass sie lesen. So was tut ein Carioca nicht. In Rio wird so wenig gelesen, dass ich bei einem Carioca, der mit einem Buch unterwegs ist, unweigerlich denke: „Na, was haben wir denn hier für ein Sensibelchen!"

Der Carioca redet. Er möchte – ich hatte das schon erwähnt – unterhalten werden. Die Busfahrt ist darum immer auch eine Gelegenheit zur vergnüglichen Plauderei und zum Nettsein. Der Carioca ist, anders als der Berliner, gerne nett. Als meine sechzigjährige Sitznachbarin heute Morgen erfuhr, dass ich an der Rua Siqueira Campos aussteigen muss, versicherte sie mir sogleich, sie müsse da auch raus und werde mich bis dahin weiter betreuen.

Sie: Und aus Deutschland bist du? Ich war schon in München und in Köln!

Ich: Ja, wirklich?

Sie: Ja, die Leute waren so verschlossen. Ich war mit meinem Mann im Zug mit viel Gepäck, und keiner hat geholfen. Sie waren nicht menschlich. Aber ansonsten hat es mir sehr gut gefallen.

Ich: Äääh, ja. Abgesehen von uns Deutschen ist Deutschland ganz hübsch.

Dann zog sie mich am Arm hinter sich her zum Ausstieg. Auf dem Weg bis zur Kreuzung habe ich noch viel Wissenswertes über ihre Physiotherapeutin erfahren, bevor wir uns herzlich verabschiedeten. So etwas passiert eigentlich jeden Tag, und man bleibt irgendwie gerührt zurück.

Ich habe einen weiteren, wesentlichen Schritt zur Sozialisation vollzogen – mit einem brasilianischen Handyvertrag. Nun fehlt noch jemand, der meine Nummer hat. Dass bislang niemand meine Nummer hat, fällt mir heute sehr auf, denn es ist Samstagabend. Die Lichter der Stadt zu meinen Füßen, stelle ich mir vor, wie sich unten in den Straßen nun alle treffen, um sich zu amüsieren. Man beginnt vielleicht mit einem „chopinho gelado" (Fassbier, eisgekühlt) in einer Eckbar und nimmt gegen Mitternacht einen Bus nach Lapa, wo die Sambaclubs sind. Um mich nicht völlig isoliert zu fühlen, beschließe ich, kurz einkaufen zu gehen. Der „Zona Sul", mein Supermarkt um die Ecke, hat bis Mitternacht geöffnet. Während ich die Nascimento Silva runterlaufe, fasse ich zwei Entschlüsse.

a) Morgen früh rufe ich diese Nummer auf der Serviette an, die mir die beste Freundin des besten Freundes von Miguel vor zwei Monaten gegeben hat. Mir doch egal, ob sie aus allen Wolken fällt. Ich bin deutsch, ich nehme so was ernst.

b) Morgen Abend fahre ich nach Lapa. Notfalls allein.

Vor dem „Zona Sul" angekommen, suche ich nach irgendeiner Spur, einer Veränderung, was totaler Quatsch ist. Aber hier sind vorgestern Nacht die Schüsse gefallen, die ich im

Apartment gehört habe. Wenn ich den Artikel in der Zeitung richtig verstehe, haben zwei Polizisten auf einen jungen Favelabewohner geschossen. Nur hundert Meter vom Supermarkt entfernt liegt ein Eingang zur Favela Cantagalo, die hinter meinem Haus gelegen ist. Eine schmale Treppe, in den Granit des Morros gehauen, zieht sich steil hinauf zwischen Büschen und Gestrüpp, bis zu den ersten Häusern der Favela.

Die Polizisten behaupten, der junge Mann sei dort heruntergestiegen, um in der Stadt Drogen zu verkaufen. Als er die Polizisten sah, habe er das Feuer eröffnet. Die Favelabewohner sagen, der junge Mann sei unbewaffnet gewesen. Die Polizisten hätten ihn angehalten und verlangt, er solle dem Drogenboss der Favela bestellen, das wöchentliche Schmiergeld für die Polizei sei fällig. Als er sagte, er habe damit nichts zu tun, hätten sie das Feuer eröffnet.

Verletzt wurde niemand. Und natürlich sieht man hinterher nichts davon, auch wenn ich das Gefühl habe, ein Ort müsse sich verändern, wenn dort so etwas Ungeheuerliches stattgefunden hat wie eine Schießerei.

Mit meinen Einkaufstüten gehe ich vom Zona Sul die Straße runter und biege unmittelbar vor dem Morro, am Eingang zur Favela, links ab. Ein wenig juckt es mich. Was würde passieren, wenn ich geradeaus weiterginge, wie die Bewohner von Cantagalo, die mir täglich hier über den Weg laufen? Wie viele Stufen dieser Treppe käme ich hoch, bevor der „falcão" (Falke) mich erwischt? Ein Falcão steht auf der untersten Stufe der Hierarchie eines Drogenkartells. Fünfzehn Jahre alt, bewacht er einen Eingang zur Favela, kontrolliert, dass kein Fremder sie betritt und gibt bei Gefahr Alarm.

Hier an der Ecke, wo die Treppe beginnt, habe ich noch nie einen gesehen, aber es muss einer da sein, denn viele Eingänge hat Cantagalo nicht. Bei uns am Haus ist kein Zugang, der Berg ist dort zu steil. Vielleicht steht der Falcão weiter oben, von den Büschen versteckt, mit Blick über die Straßenecke. Vielleicht sieht er mich gerade?

Ein wenig juckt es mich. Was würde er tun? Mir freundlich, aber bestimmt erklären, dass ich hier falsch bin? Mit Knarre an meiner Schläfe die Gelegenheit nutzen, um mein Geld zu kassieren? Mich hoch auf den Hügel geleiten, damit irgendein 29-jähriger Boss entscheidet, wie mit einer neugierigen Gringa zu verfahren ist? „Wenn es dich juckt", sagt meine innere Stimme, „dann kratz dich."

Am Sonntagabend fügt sich alles wunderbar. Britta, eine Freundin aus Berlin, die zurzeit in São Paulo arbeitet, besucht Verwandtschaft in Rio und hat noch nichts vor. Wir starten in einer Bar mit Chope Gelado und lästern zwei Stunden lang über Brasilianer. Mein erster deutscher Abend seit fast zwei Monaten – das erste Mal, dass ich einen Witz in dem Moment machen kann, wenn er mir einfällt, und nicht erst wenn ich mir alle Vokabeln im korrekten Kasus und Numerus zurechtgelegt habe. Ich bin in Bestlaune.

Nach einer Stunde im Bus sehen wir die „Arcos da Lapa" (Bögen von Lapa), einen historischen Aquädukt, der in knapp achtzehn Metern Höhe quer über die Straße führt. Statt dass dort Wasser fließt, fährt seit nun schon über hundert Jahren der „bondinho" über seine Bögen, eine alte Straßenbahn, die das Centro mit Santa Teresa verbindet, dem einzigen bürgerlichen Viertel, das auf einen Morro gebaut ist.

Direkt vor den Arcos führt eine kleine Straße den Berg hinauf, schon hier hören wir die Musik, klingt einladend. Sie kommt aus den offenen Fenstern des „Semente", eines kleinen Clubs auf der nächsten Ecke. Auch dieses Haus – wie viele in Lapa und Santa Teresa – ein ranziges Relikt aus der Kolonialzeit mit etwas Stuck an der Fassade, Ziegeldach und Fensterläden. Es wird in Rio mein zweites Zuhause werden.

Hinter der Eingangstür ein paar Stufen hoch, dann sitzen

rechts schon die vier Musiker. Der Percussionist an der großen Trommel blickt unter seinen zerzausten Haaren drein, als hätte er zwei Wochen nicht geschlafen. Daneben ein schmucker Typ am Tamburin, der dritte spielt etwas in der Größe einer Mandoline. Der Gitarrist als Vierter singt auch. Sie sitzen zu ebener Erde auf ihren Schemeln und spielen derart frisch auf, dass es für das Publikum eine Freude ist. Das zumindest strahlen die Leute aus, die sich lachend, singend und plaudernd zwischen Band und Bar quetschen. Wir kommen kaum weg vom Eingang, so eng und so voll ist der Schuppen, wo grad keiner herumsteht, wird in Paaren getanzt. Wir setzen uns auf ein Geländer am Eingang, leicht erhöht haben wir von hier einen schönen Blick auf den kleinen Laden.

Die Musik gefällt mir, manchmal mitreißend fröhlich, manchmal melancholisch. Immer jedoch haben die Lieder Schwung und treiben nach vorne. Ein Dutzend Leute direkt vor der Band singt fast jeden Text auswendig mit. Ich frage den Typen neben mir, was das für Musik ist. „Das ist Samba." Samba? Samba kenne ich anders: reduziert auf Rhythmus, simple Melodien, und dazu Damen in hauchdünnen Kostümen, die in rasantem Tempo die Hüfte schwingen. „Ja, klar, du meinst den Samba der Sambaschulen, die offiziellen Stücke für den Carnaval. Aber das hier ist etwas anderes. Das ist ‚Samba de raiz' (Samba aus den Wurzeln)." Ich trau mich nicht ihn weiter zu fragen, weil die Musik so laut ist und er sie bestimmt hören will. Doch Fragen ist nicht nötig. „Die Instrumente der vier sind eine klassische Besetzung", brüllt mir mein Nachbar ins Ohr. „Für den Samba brauchst du nicht viel: eine große Trommel, die auf dem Boden stehen kann. Sie heißt Surdo und markiert den Rhythmus." Aha, verstehe. „Dann die kleine Trommel mit Schellenkranz, die der daneben in der Hand hält, sie heißt Pandeiro. Was er macht, sieht einfach aus, aber er bespielt das Fell und die Schellen unterschiedlich. Wer richtig gut Pandeiro spielt, kann ein ganzes

Schlagzeug ersetzen." Ich fühle mich erwischt, denn in der Tat hatte ich beim Anblick dieses Musikers gedacht: Auf ein Tamburin hauen kann ich auch. Aber ich bin bereit, das sofort zu revidieren und den schmucken Typen noch toller zu finden.

„Dann der Cavaquinho", mein Nachbar ist noch nicht fertig und auch noch gut bei Stimme. „Er sieht aus wie eine Miniatur-Gitarre, hat aber nur vier Saiten. Und schließlich die Gitarre. Der Sänger da vorn spielt eine mit sechs Saiten, oft wird auch eine mit sieben ..." Saiten benutzt, sagt er wahrscheinlich noch, aber das geht in der Euphorie unter, denn die Band hat einen Jahrhunderthit angestimmt, der ganze Laden singt mit. Mein Nachbar und ich vertagen uns lachend. Wieder fällt mir auf, dass die Leute singen. Trotz der Begeisterung, der Lautstärke, des Bierkonsums wird hier nicht gegrölt, sondern gesungen.

Und geflirtet. „Meine Güte, wird hier geflirtet!" Ich kann Brittas Beobachtung bestätigen. „Ich hab jetzt schon zwei Paare tanzen sehen, wo ich eine Monatsmiete verwettet hätte, dass es Liebespaare sind." „Ja. Eine Viertelstunde später tanzen sie in anderer Besetzung genauso eng. Der Lockige vorne tanzt jetzt mit der in Jeans, genauso inbrünstig wie vorher mit der im roten Top ...", „... die jetzt mit dem in Shorts tanzt."

Was Britta und ich als Haltung eines typischen Liebespaares empfinden, sieht so aus: Der Lockige umfasst den Oberkörper der Frau in Jeans mit dem rechten Arm und drückt sie fest an seine Brust. Ihre Tanzschritte ordnen sich auf dem Boden dergestalt, dass ein Bein des Typs mal mehr, mal weniger ausgeprägt zwischen den Beinen der Frau steht. Ihre Köpfe lehnen aneinander, die Augen geschlossen, bald jedoch rutscht der Kopf des Lockigen an der Wange der Frau in Jeans hinab und vergräbt sich unter ihrem Ohr. Und zack – wird geknutscht.

Britta und ich führen von unserem Ausguck aus eine grobe Statistik über die wechselnden Paarkonstellationen und kommen zu dem Schluss, dass sich der halbe Laden hier wie sechste Klasse benimmt.

Und da steht schon so einer mit braunen Augen vor Britta, fasst als Erstes direkt ihre Hand und will tanzen. Britta ist unentschlossen, tanzt dann doch unter meiner Beobachtung zwei Lieder. „Und???" „Sehr schön, beim zweiten Lied fing er aber an in mein Ohr zu seufzen. Da dachte ich, besser hier abbrechen. Der Rhythmus ist nicht einfach, aber es macht Spaß."

„Wir freuen uns, euch für das nächste Lied Flávia zu präsentieren", sagt der Gitarrist. „Applaus für Flávia am Mikrofon!" Die Menge klatscht, und Flávia, eine Freundin der Frau in Jeans, steht plötzlich nicht mehr im Publikum, sondern am Mikrofon. Die Band spielt und Flávia singt. Wunderschön, und gleich noch eins. Ist Flávia eine befreundete Sängerin? Es wirkt nicht so. Es wirkt so, als sei Flávia irgendeine Carioca, die mit ihrer Freundin zum Tanzen aus ist und die singen kann wie alle Cariocas singen können. Und jetzt hat sie mal eben schön wie die Nachtigall zwei Songs geträllert, weil es sich so ergab.

Welches Kleinod haben wir hier entdeckt? Eine Bar, einfach und schön, die Leute fröhlich, die Musik schwelgt dahin, ein warmer Luftzug kommt durch die offenen Fenster herein, nach draußen blickt man auf die Arcos da Lapa. Ich will mitmachen, will drin sein in diesem Getümmel, trinken, tanzen, singen. „Caipirinha?", frage ich Britta und springe vom Geländer. „Claro que sim", und wir arbeiten uns vor zur Bar.

Woran erkennt man eine Deutsche im Sambaschuppen? Sie versucht als Einzige auf dem Weg zur Theke sich so zwischen den Umstehenden hindurchzuschlängeln, dass sie niemandem zu nahe kommt. In Rio hoffnungslos. Die Leute stehen knalleng zusammen, kaum einer trägt ein Kleidungsstück mit Ärmeln, und fast noch wichtiger: Die Leute mögen den Körperkontakt. Bis wir an der Bar ankommen, habe ich glatte, behaarte, auch verschwitzte Haut an meinen Schultern gespürt, und wenn ich hier Spaß haben will, muss ich mich daran gewöhnen. Die Band spielt, als gäbe es kein Morgen. Ein kleiner Typ aus dem Publikum hat sich neben die Musiker gesetzt und schlägt sein mitgebrachtes Tamburin.

Ich summe die Melodie. Der Typ links vom Mischpult ist mir vorhin schon aufgefallen: weißes T-Shirt, kurzgelockte Haare und braun gebrannt. Lehnt mit seinem Bier am Pfeiler und macht bella figura. Ich gucke. Er guckt. Ich gucke, ob er immer noch guckt. Er guckt. Ich nicke rüber zur Tanzfläche. Er kommt.

Ogottogott. „Olha só, ich hab noch nie Samba getanzt", schreie ich ihn an. Wenn die Band mal kurz die Lautstärke drosseln könnte, damit man das hier eben klären kann? „Ich weiß nicht, wie das geht. Ich bin deutsch, entendeu?" Während der Typ „Entendi" brüllt, hat er schon meine Hand in der Hand, seinen Arm an meinem Rücken platziert und beginnt, uns zu drehen. Was ist das für ein Takt? Was macht er für Schritte? Was mach ich mit der Hüfte? Ich finde da nicht rein, wie hat Britta das gemacht?

„Um, dois. Um, dois. Um, dois", höre ich plötzlich an meinem Ohr. Das ist der Typ, der zählt doch glatt den Takt für mich. „Um, dois. Um, dois." Huch, ist das nah. Ich spüre seinen Atem am Hals. Moment. Also, wir wollen nur tanzen, sieht er das hoffentlich auch so? Oder müsste ich das kurz anmerken? Só quero dançar (Ich will nur tanzen) – soll ich das jetzt mal sagen? Oder ist das wahnsinnig peinlich?

Ich stelle diese wichtigen Fragen zurück, denn allmählich hab ich den Takt in den Beinen, irgendwie passen meine Schritte zu dem, was der Trommler auf sein Surdo schlägt, wir schwingen herum zu der Melodie. Der Alkohol verteilt sich sehr schön in meinem Kopf, und ich möchte gerade nichts, als dass es so weitergeht. Die Musik soll weiter spielen, und ich möchte dazu tanzen.

Der Typ hat die Zählerei eingestellt. Stattdessen schmiegt er nun seine Wange an meinen Hals, und alle dort für Sensorik zuständigen Nervenäste schalten auf Bereitschaft.

Da, das müssen Lippen sein. Diese gewisse Feuchtigkeit. Also, warte mal. Was wollte ich jetzt. „Äääh, só quero dançar." Mein Gott, ich habe es gesagt. Das ist ja wirklich dermaßen sechste Klasse hier, ich fass es nicht. „Oi?", fragt der Typ. Nein, bitte, ich möchte das nicht wiederholen müssen. Meu Deus (Mein Gott), ist das anstrengend. „Só quero dançar!!!!", brülle ich ihm direkt vors Mittelohr. „Aaah, tudo bem. Entendi", antwortet er, und wir tanzen weiter, aber meine Passion ist dahin. Nach einer Weile zieht er mich rüber Richtung Bar. Liegt hier ein inhaltliches Interesse an meiner Person vor? Dem stelle ich mich gern, auch wenn mir gerade auffiel, dass der Typ leicht schwankt.

Typ: Wie heißt du?

(Zu viel Alkohol beeinträchtigt auch das Sprachzentrum. Kein Wort verstanden. Außerdem ist es zu laut. Ich muss mich rüberbeugen.)

Ich: Oi?

Typ: Wie heißt du?

Ich: Frauke.

Typ: Oi?

(Ich glaube, ich möchte diese Unterhaltung nicht viel weiter ausdehnen.)

Ich: Frauke.

Typ: Fo? Oi?

Ich: Frauke.

Typ: Falkland???

(Komm, wir lassen's.)

Ich: Sehr gut. Fast richtig.

Typ: Ich heiße Otávio.

Ich: Wie schön.

Otávio: Und warum willst du nicht knutschen?

Ich: Oi???

Otávio: Na, warum knutscht du nicht?

(Sag mal, ihr seid doch nicht zurechnungsfähig, ihr Cario-cas. Muss ich mich im Ernst dafür verteidigen, dass ich nicht knutschen will? Egal, ich seh das hier jetzt als reine Sprachpraxis Portugiesisch. Der Trottel ist so dicht, da spricht er wenigstens langsam. Und meine Freunde in Berlin werden nie erfahren, worüber ich mich unterhalte.)

Ich: Man muss doch nicht immer gleich ...

Otávio: Aber das ist doch so schön!

(Sechste Klasse war zu hoch gegriffen. Moment, da fällt mir was ein.)

Ich: Ich habe einen Freund.

Otávio: Hier oder in Deutschland?

Ich: In Deutschland. Aber er kommt bald nach Rio!

Otávio: Wann genau?

Angesichts dieser unglaublichen Direktheit muss ich nun doch herzlich lachen. Und mit einiger Mühe gelingt es mir sogar das Thema zu wechseln. Wir tauschen uns kurz darüber aus, was wir so beruflich machen, dann verlassen mich meine Kräfte. Er ist Physiotherapeut.

„Na, ihr habt euch ja gut unterhalten", begrüßt mich Britta an unserem Ausguck. „Britta, die sind hier alle wahnsinnig." Noch ehe ich meinen Erlebnisbericht beendet habe, wird die Band zum letzten Mal für diese Nacht beklatscht. „A gente se vê" (Man sieht sich), sagt Otávio mit Küsschen, als wir an ihm vorbei nach unten zur Hauptstraße gehen. Wegen mir nicht. Vor Arcos stehen vier Taxen zur Auswahl. „Para Ipanema, por favor!"

Anmerkungen zum Julho

[1] Viele Apartments in Rio haben solch ein Dienstbotenzimmer in der Mitte der Wohnung, an die Küche grenzend. Eine Vollzeit-Empregada, die von montags bis freitags bei ihren Arbeitgebern wohnt, kann so morgens als Erste aufstehen und den Haushalt machen, ohne dass die Herrschaften geweckt werden. Mein Dienstbotenzimmer liegt so im Apartment, dass es alle anderen Räume etwas verkleinert und selbst kein Fenster hat. Offenbar ist man der Meinung, eine Empregada brauche keine frische Luft.

[2] In dem Lied „Carta ao Tom 74" (Brief an Tom, 74) besingt Vinícius de Moraes die Rua Nascimento Silva 107, Mitte der fünfziger Jahre wohnte hier die Bossa-Nova-Legende Antônio Carlos (Tom) Jobim. In seinem Apartment arbeiteten der Musiker Jobim und der Poet Moraes an einer Oper, die den antiken Mythos von Orpheus und Eurydike in eine Favela versetzt. Die Oper wurde ein großer Erfolg. Drei Jahre später verfilmte Marcel Camus den Stoff („Orfeu Negro", 1959) und trug den Klang der Bossa Nova von der Rua Nascimento Silva über die Grenzen Brasiliens hinaus.

[3] Der Korruptionsskandal 2005 war für viele PT-Anhänger eine schlimme Enttäuschung. Hatte Lula doch endlich die Macht, nachdem er in drei Wahlen seit 1989 vergeblich versucht hatte, sich durchzusetzen. Nun vertat die PT ihre Chance, ehrliche Politik für alle zu machen, hatte gar geschmiert, wem sollte man noch glauben? Lula blieb im Amt, denn man konnte ihm nicht nachweisen, in den Skandal verstrickt zu sein. Zudem hatte die PT-Führung Abgeordnete bestochen, aber sich selbst nicht bereichert, und auch die brasilianische Wirtschaft stützte Lula: Als Held der Armen war er besser als jeder andere geeignet, Sparprogramme durchzusetzen und der Wirtschaft zuzuarbeiten. Brasiliens Unternehmer waren mit Lula zufrieden. Parallel setzte er jedoch auch Sozialprogramme wie „Fome Zero" (Null Hunger) und „Bolsa família" (Familienstipendium) um, die mit monatlicher Unterstützung erstmals Armen eine Existenz sicherten. Ein Aufschwung der Wirtschaft schaffte viele neue Arbeitsplätze, so dass Lula bei der Amtsübergabe an seine Parteikollegin Dilma Roussef Ende 2010 als „beliebtester Politiker der Welt" gelobt wurde. Achtzig Prozent der Brasilianer standen hinter ihm – Schuhputzer wie Konzernchefs.

Agosto

DREI MONATE RIO – übermorgen läuft mein Touristen-
visum ab. Darum schnellstens zur Bundespolizei, dort kann
ich es um drei Monate verlängern lassen. Mehr geht nicht.
Kurz ausreisen, wieder einreisen, und an der Passkontrolle
gibt's ein neues Visum? Nicht mit der Polícia Federal. 180 Tage pro Jahr sind möglich. Danach ist man illegal, pronto. Ein
Arbeitsvisum zu beantragen mit allen Fragebögen und Quali-
fizierungsnachweisen soll die Hölle sein.

Aber unter Ausländern, die hier leben, scheint es üblich,
dass man die erste Hälfte des Jahres mit Visum und die zweite Hälfte illegal hier ist.

So mache ich mich auf den Weg zur Polícia Federal am
Hafen, doch zunächst in der Nachbarschaft meine übliche
Runde. Bei Panorama ein Pão Alemão. Juliana, die Kassiere-
rin, fragt: „E aí, musst du heute arbeiten oder gehst du zum
Strand?" Mit meiner Antwort „Ich muss zur Polizei!" schinde
ich Eindruck. Mit der Polizei möchte kein Carioca was zu tun
haben, egal, ob man etwas verbrochen hat oder nicht. Juliana
weiß, dass ich Deutsche bin, Journalistin bin, fürs Radio arbeite – einfach, weil sie gefragt hat. Weil es ihr wohl öde wäre, zehn Stunden an der Kasse zu sitzen und „Bom dia" und
„Tchau" zu sagen. Anfangs irritierte mich das grundlose Interesse, dann hat es mir Spaß gemacht zu erzählen. Und dann
wollte ich erfahren, wie sie lebt: gemeinsam mit ihren zwei
Kindern in São Cristovão, einem Viertel Richtung Norden.
Zum Vater gibt es keinen Kontakt. Um fünf Uhr beginnt Julianas Tag, ab acht Uhr sitzt sie an der Kasse, sechs Tage die
Woche. Am siebten, freien Tag arbeitet sie als Näherin für einen anderen Betrieb. Ich vermute, dass sie weit weniger ver-

dient, als ich Miete zahle (rund tausend Real, 350 Euro), aber diese Unterschiede blenden wir beide aus.

Wann immer ich bei Panorama vorbeikomme, sind dort mindestens acht Leute beschäftigt, alle sind farbig. Zwei hinter dem Brot-Tresen, zwei an der Kasse, zwei an der Theke, wo man Cafezinho und einen belegten Toast bestellen kann. Einer räumt Kisten aus, einer bepackt das Lastenfahrrad. Man unterhält sich quer durch den Laden. In Deutschland würden sie dieselbe Arbeit zu dritt machen. In Berlin müsste ich froh sein, wenn sie mich beim Einkauf nicht beschimpfen.

Juliana wünscht mir Glück bei der Polizei, und ich laufe weiter Richtung Kiosk, am Fahrradhandel vorbei. Der Fahrradhandel besteht aus einem Baum, an dem links und rechts zwei Schesen angeschlossen sind, darüber eine Pappe genagelt mit der Aufschrift „Vende se" (Zu verkaufen) und die Telefonnummer. Jedesmal wenn ich hinschaue, stehen dort zwei neue Schesen. Der Zeitungshändler unterhält sich gerade mit Bekannten. „Bom dia, meu bem (meine Liebe). Um Globo?", fragt er mich. Seit der zweiten Woche hält mir der Zeitungshändler den Globo hin, wenn er mich kommen sieht.

Im Bus kommt mir Julianas erschrockener Blick in den Sinn, als ich sagte, ich sei auf dem Weg zur Polizei. Letzte Woche las ich über einen Jogger, einen Lehrer aus Botafogo, der jeden Sonntag früh um sechs Uhr die Joggingstrecke an der Küstenstraße in Ipanema runterlief. Sieben Kilometer, hält fit. Auch am Sonntag vor einer Woche. Nur, dass an jenem Sonntag ein vollgekokster Autofahrer die Avenida herunterraste. Mitte zwanzig war der, Student, kam von einer Party. Er verlor die Gewalt über den Geländewagen, geriet auf den Fußweg und überfuhr den Jogger, der noch am Unfallort starb. Der zugekokste Student verbrachte zwei Stunden auf der Polizeiwache und ging dann nach Hause. Ohne Blutprobe, ohne Anzeige. Ich dachte, der Artikel sei unvollständig, ich fragte in der Redaktion meine Kollegen: „Was passiert denn jetzt mit

dem? Der hat einen Menschen getötet." Sie sagten: „Nichts."
Sie sagten: „Vermutlich hat ihn Papa abgeholt. Und dann hat
Papa einen größeren Geldbetrag liegen gelassen. Und dann
passiert seinem Jungen nichts."

Wie lebt man in einer Stadt, deren Polizei korrupt ist? Indem man sich von der Polizei fernhält. Das tun alle Cariocas,
und besonders solche wie Juliana, die wissen, dass sie kein Geld
hätten, um sich Recht zu kaufen.[1]

Nach einer Stunde im Bus stehe ich am Hafen, gammelige
Warenlager versperren den Blick auf die Bucht. In einem historischen Gebäude residiert die Bundespolizei, leider entdecke
ich keinen Eingang für Besucher. Ein Porteiro schickt mich
zur Rückseite, dort sei die Visumsstelle.

Die Rückseite des Gebäudes erinnert an Warenannahmen
für Discountmärkte. Ich finde keine Aufschrift, kein Wappen,
nur eine Metalltür. Den entscheidenden Hinweis darauf, dass
es sich um die Visumsstelle handeln muss, entdecke ich einige
Meter entfernt: ein Pulk von Straßenhändlern, vor sich mehrere Pappkartons mit vergammelten Jeanshosen drin, im Gespräch mit einem Touristen. „Sehr gut, das muss es sein", sage
ich mir, öffne die Metalltür und betrete ein kleines Foyer, in
dem ein Hinweisschild prangt. Es fordert den Besucher auf, die
Polizeidienststelle in langer Hose oder Rock und mit Schuhen
zu betreten. Denn wenn auch die Antragsstelle aussieht wie
ein Aldi von hinten, so legt man doch Wert darauf, dass der
Antragssteller ordentlich gekleidet ist.

Der Rio-Tourist wiederum denkt: „Wenn ich an der Copa
den ganzen Tag in Boxershorts rumlaufen kann, geht das überall." Nicht bei der Polícia Federal. Für den somit erforderlichen
Rückweg zur Zona Sul, im Hotel lange Hose anziehen und
erneut mit dem Bus zum Hafen, würde ich drei Stunden ein-
planen. Dazu hat niemand Lust, und die Visumsstelle hat nicht
so lange auf. Das bedeutet für den Carioca: Hier existiert eine

Marktnische, zu der er passgenau seinen Minijob kreieren kann. Die Dienstleistung besteht darin, dem Touristen für fünf Real oder mehr – zum Ende der Sprechzeiten steigt der Preis – eine schimmelige Jeans auszuleihen, in welche gehüllt dieser dann bei der Visumsstelle vorsprechen kann. Das Geschäft floriert.

Ich war durch meine Kollegen, die mich vor allem Ungemach beschützen, vorgewarnt und trage ein Kleid.

Nun im Wartebereich sitzt neben mir ein Belgier, dessen Hose keinen Knopf, aber ein faustgroßes Loch über dem Knie hat. Als er ins Büro gerufen wird, hält er sie beim Gehen fest. Als er wieder aus dem Büro herauskommt, wirkt er zufrieden.

Denkbar wäre, dass die Bundespolizisten, die ja durch ihre Vorschrift den Straßenhändlern eine Einnahmequelle verschaffen, mittels einer Art Umsatzsteuer auf jede verliehene Hose an den Einnahmen beteiligt sind. Je abgewrackter die Hose des Antragstellers, desto sicherer könnte sich der Beamte sein, dass er draußen wieder einen Real dazuverdient hat. Die Bundespolizei gilt als nicht schmierbar, aber falls man hier demnächst in schlecht sitzender Jeans ohne Knopf auch noch früher an der Reihe ist, weiß ich, dass ich recht hatte.

Als mir eine Stunde später der Beamte meinen Pass mit dem neuen Stempel in die Hand gibt, strahle ich ihn dermaßen an, dass er sofort grinst. „Você se apaixonou, não é?" (Hast dich wohl verliebt, wie?) „Sim claro", sage ich. „Ich hab mich in Rio verliebt."

Als ich aus der Tür trete, erscheint mir der Himmel noch blauer als sonst. Mit einer Kokosmilch setze ich mich in einen Bus Richtung Botanischer Garten. Ist nicht meine Richtung, aber ich hab Lust, noch ein bisschen Rio anzuschauen und zu genießen, dass ich hier bleiben darf.

Wir fahren durch das Centro, durch Flamengo, dann Botafogo, die Straßen voller Menschen, an den Kreuzungen lehnen sie an den Theken der Saftbars, die über und über mit Früchten dekoriert sind, trinken Maracuja-Ananas-Papaya-Guaven-Shake und plaudern über dies und das.

Ich arbeite mich zum Drehkreuz vor. „Wo kann ich umsteigen, wenn ich nach Ipanema will, zum Strand?", frage ich den Motorista. Er schaut sich um. „Nach Ipanema? Mal überlegen." „Du kannst die Nummer 499 nehmen", schaltet sich der Schaffner ein. „Dann kommst du aber am Ende an, bei den Dois Irmãos." „Moment, ich hab eine bessere Idee", sagt der Fahrer. „Bleib mal hier in der Nähe." Er bremst quietschend an einer Kreuzung, obwohl er eigentlich Vorfahrt hatte. Von rechts kommt ein Bus mit der Aufschrift „Circular" (kreisrund). Mein Motorista öffnet per Knopfdruck die Tür, springt vom Sitz, stellt sich auf die Eingangsstufe und ruft zu dem Fahrer des anderen Busses: „Aí, mané! Ich habe hier ein Mädchen nach Ipanema. Kann sie zu dir umsteigen?" Die Antwort des Kollegen kann ich nicht hören, aber mein Fahrer eilt zurück auf seinen Platz und öffnet die Ausgangstür. „Kannst schnell rüber und bei ihm einsteigen, er fährt die ganze Küste entlang." „Muito obrigada!" Ich laufe zum Ausgang. „Aber sei vorsichtig", ruft er mir nach, „hier ist Verkehr!"

Die Nachmittagssonne scheint noch warm, als ich an der Küste ankomme, um die Uhrzeit steht am Strand Irinéu, der Maiskolbenhändler. Seinen Ofen kann er auf zwei Rädern wie eine Schubkarre vor sich herschieben. Aus dessen Bauch voll kochenden Wassers zieht er einen Maiskolben und bestreicht ihn mit Butter und Salz. „Aí, que delícia!" (Wie köstlich!), sage ich, „obrigada." „Vai com Deus", sagt Irinéu.

Mais essend lege ich mich in den Sand zum Vokabeln-lernen. „Praia e o meu", sagte neulich ein Carioca beim Tanzen zu mir, der Strand ist mein Zuhause. Ich ahne, was er meint.

Mit einem Auge beobachte ich die Brandung, stark heute. Nicht ohne Grund heißt „Ipanema" in der Sprache der Tupí

„gefährliches Wasser". Es braust so ungestüm an den Strand, dass er an manchen Tagen fast ausgehöhlt ist. Nach wenigen Metern im Meer fällt er steil ab, man denkt, man ist noch gar nicht drin, und findet schon keinen Boden mehr unter den Füßen.

Allein traue ich mich an solchen Tagen nicht in die Fluten, also muss ich warten, bis zwei, drei andere reingehen, und mich schnell dazugesellen.

Dann ist es hinreißend, im wörtlichen Sinne. Sich der Welle entgegenwerfen, sich ein Stück mittragen lassen und hinter der Woge wieder herunterkommen – das ist göttlich, aber entsprechend selten.

Häufiger muss man beobachten, wie die Welle, die zunächst in fünf Metern Entfernung heranwuchs, in zwei Metern Entfernung ihre finale Größe noch immer nicht erreicht hat. Die nackte Angst ergreift dann von mir Besitz, doch ist es zu spät. Denn um diese stattliche Höhe von vielleicht zwei Metern zu erreichen, saugt die Welle vor sich das gesamte Wasser vom Boden ab, also das, wo ich gerade drinstehe. Die Unterströmung zieht derart ins Meer, dass man zufrieden sein kann, die aktuelle Position mit viel Kraftaufwand zu halten. Umkehr ist undenkbar. „Mergulha!" (Tauch unter!), schreit dann irgendeiner von der Seite, und alle armen Irren, die draußen sind, stürzen sich kopfüber unter das Monster. Das Wasser fühlt sich an wie gepresst, es quetscht mich auf ein Mindestvolumen zusammen, zieht auf seinem Weg über mich hinweg an allen Haaren und Gliedern, und alles, was ich denke, ist „Ogottogott".

Noch schlimmer: Man steht zufällig genau da, wo die Welle bricht und jeden, der da steht, mit Furor unter sich begräbt. Sie zieht die Füße weg, haut den Kopf in den Sand, kugelt die Arme aus, klappt die Beine drüber, dreht das ganze Paket Mensch zweimal um sich selbst, versenkt ein Kilo Sand in der Badehose und wendet sich anderen Dingen zu.

Wer danach wieder auftaucht, braucht dreißig Sekunden, um zunächst seine Orientierung und dann seine Badekleidung wiederzufinden. Üblicherweise hängt sie in der Kniekehle. Nun muss man sich sputen, alles wieder zurechtzuzuppeln, damit man es vor dem nächsten Brecher deutlich weiter raus oder deutlich weiter rein schafft. Badende, die sich der Situation nicht mehr gewachsen fühlen, erkennt man daran, dass sie nach dem Auftauchen auf das Zurechtzuppeln ihrer Badekleidung verzichten und sofort ans Ufer hasten. Das Kilo Sand kriegt man schon irgendwie anders raus.

Baden in Ipanema ist oft ein Abenteuer, mehr als in Copacabana, dessen Strand schon leicht in die Baía da Guanabara geneigt ist. In Copacabana hatte ich auch schon viel Spaß, aber noch nie Angst. Das ist der Unterschied.

So fühle ich mich auch oft wie eine Abenteurerin, wenn ich nach zwanzig Minuten Nahkampf dem Ozean wieder entsteige. Der Adrenalinpegel hochgepumpt. Der Körper einmal durchgewalkt, an jedem Muskel wurde gezogen, die Organe sind ein bisschen durch die Gegend geflogen, die Haut vom Sand abgerubbelt, die Fingernägel strahlen – so falle ich auf das Badetuch, fühle mich gesund und lebendig, „verkörpert" irgendwie. Ein Gefühl, das ich oft habe, seit ich in Ipanema wohne. Eines, das anhält. In Rio sind alle Menschen schöner. Das glaube ich wirklich, und zwar, weil Rio die Menschen schöner macht. „Moça do corpo dourado do sol de Ipanema", singen Tom Jobim und Vinícius de Moraes in diesem ersten Bossa Nova, der um die Welt ging[2] – „Ein Mädchen, dessen Körper die Sonne von Ipanema vergoldet hat".

Die Sonne vergoldet die Haut, die salzig-feuchte Luft dreht die Haare lockig, die leichte Kleidung umspielt die Figur. Die Menschen auf der Straße wiegen ihren Körper beim Gehen, sie bewegen sich nicht auf das Ziel hin, sondern für den Moment, wie nebenbei. Meu Deus, bin ich hüftsteif neben diesen Cariocas.

„Ich will mir eine CD mit brasilianischer Musik kaufen. Was soll ich mir kaufen?" „Deine erste CD?" Ja. „Chico Buarque", hat Andreia vorhin geantwortet, ohne eine Sekunde zu zögern. Wir steckten in der Globo-Kantine in der Kassenschlange fest. „Er hat wunderschöne Lieder komponiert, und wenn du auf die Texte achtest, wirst du sehen, er denkt wie eine Frau. Und das sagen *alle* Frauen."

Wenn das so ist, wird Marisa ja gleich Ähnliches empfehlen, wir sind nämlich heute Abend verabredet. Tatsache, ich habe letzten Sonntag die Nummer von dieser Serviette gewählt, die mir die beste Freundin des besten Freundes von Miguel gegeben hatte, und zaghaft „Hallo, hier ist Frauke" ins Handy gesprochen. „Wie schön, dass du anrufst", meine ich am anderen Ende zu entziffern, denn die Verbindung ist grottenschlecht. Marisa höre ich quasi gar nicht, was nicht schlimm ist, dafür höre ich mich ja doppelt. Ich hätte mir einen zweiten Satz zurechtlegen sollen, denke ich gerade, da unterbindet Marisa schon jede Chance, einen zweiten Satz zu sagen. „Willst du nicht Ende der Woche mal bei uns in der Redaktion vom Jornal do Comércio (Handelszeitung) vorbeikommen? Dann kannst du dir anschauen, wie wir arbeiten. Hinterher gehen wir ein Bier trinken, was meinst du?" Auf die Cariocas und ihren Drang, einen mundtot zu quatschen, ist wirklich Verlass. „Das wäre klasse." „Olha, o negócio é o seguinte, du musst von eurer Redaktion aus ..."

Von der folgenden Wegbeschreibung habe ich nichts verstanden, obwohl Marisa alles dreimal gesagt hat. Beim dritten Durchgang hatte ich beschlossen, nur noch alternierend „Aaah, entendi" und „Sei, sei" zu sagen und mir das Jornal do Comércio zu kaufen. Im Impressum wird wohl die Adresse stehen.

Nun, am Freitag, eine Viertelstunde vor unserer Verabredung, bereue ich diesen Mangel an Eifer, denn wie so oft in Rio de Janeiro steht mir ein Morro im Weg. Dabei hatte alles so schön angefangen. Mit dem Bus war ich ins Centro am Hafen gefahren, die Avenida Rio Branco hinuntergelaufen, wo sich die Bürotürme aneinanderdrängen, wo über den Fußweg Menschen in Anzügen und Kostümen laufen. Biegt man in eine Querstraße ein, so kann sich das Bild abrupt ändern, und nach drei weiteren Bürohäusern landet man plötzlich vor einem kaputten Altbau aus der Kolonialzeit, den man in den Sechzigern vergessen hat abzureißen. Bei Tage sind die Straßen voll von Cariocas in Businesskluft, in zwei Stunden jedoch werden die Straßen menschenleer sein, die Geschäfte verrammelt, und nicht nur wegen der Nähe zum Hafen wird von einem Bummel in der Dunkelheit abgeraten.

Es ist dunkel, und ich habe mich vom Geschäftszentrum entfernt in Richtung Bahnhof „Central". Ich laufe gern zu Fuß, besonders in fremden Städten, aber hier verlässt mich mein Übermut, mit dem ich über den Stadtplan gebeugt gedacht hatte: Die drei Kilometer vom Centro zu Marisas Redaktion, die kann ich doch laufen.

So einfach ist das nicht, wenn ich auf diesen drei Kilometern an Rios Hauptbahnhof „Central" vorbei muss, einer der verschriensten Gegenden der Stadt. Ein Praktikant vom ZDF, den ich neulich traf, ist hier bereits überfallen worden. In unserer Analyse räumte er ein, dass er unentschlossen durch die Gegend gestromert war, und dann stand plötzlich dieser Typ mit einem Messer vor ihm. Ich gewinne immer mehr die Überzeugung, dass man einen gewissen Spielraum hat, um einen Banditen anzuziehen oder abzustoßen. Die Präventionsmaßnahmen für gefährliche Gegenden sind: entspannt wirken und sich dabei zielgerichtet bewegen, gedanklich beschäftigt, jedoch nicht abwesend erscheinen. Gleichzeitig das Umfeld auf verdächtige Gestalten scannen. Verdächtig heißt für mich in diesem Fall: unter dreißig, männlich, dunkelhäutig, trägt keine Tasche wegen Einschränkung der Bewegungsfreiheit, trägt kein Shirt, damit man ihn, wenn er wegläuft, nicht daran festhalten kann. Es ist der Welt flachstes Klischee, ich sollte es ablehnen und stattdessen vor rothaarigen Rentnerinnen Angst haben.

Ich bin mit meinem Auftreten ganz zufrieden, obwohl es schwierig ist, nicht aufzufallen, wenn um mich herum alle schwarz sind. Sie verteilen sich an die Haltestellen für die unzähligen Busse, die von hier aus die Menschen in die Zona Norte bringen. Nach Méier, Jacaré, zum Complexo da Maré oder bis Irajá. Viertel, von deren Existenz kein Tourist jemals erfahren wird, weit nach Norden, wo sich die Ausfallstraßen durch ein endloses Meer von Häusern und Hütten ziehen, die Rio erst seine Größe verleihen, den Ort zur Millionenstadt machen. Rio braucht die gigantische Zona Norte, um Metropole zu sein. Im Stadtleben spielt sie so gut wie keine Rolle.

Mit einem Maiskolben laufe ich weiter, die „Avenida Presidente Vargas" hoch, kaum noch Leute auf der Straße. Rechts abgebogen, drei Blöcke weiter gewandert, und dann ist Schluss. Dann steh ich vor dem Morro. Keine dreihundert Meter weg von mir muss die Rua do Livramento liegen, wo Marisa in der Redaktion auf mich wartet. Doch zwischen mir und ihr erhebt sich der Morro do Livramento. Der Stadtplan aus meinem Reiseführer hat ihn grün gemalt, wie einen Park, und die Straße durchgezeichnet. Realiter ist es ein Tunnel.

Der Straße folgen in den Tunnel hinein? Ich bin nicht ängstlich, aber nicht mal tagsüber würde ich meinen Fuß in einen Tunnel in Rio setzen: zwielichtiges Volk unterwegs und keine Möglichkeit auszuweichen, niemand hält an. Untendrunter fällt also weg, oben drüber geht auch nicht, denn dort leuchten die orangefarbenen Lichter der Favela Morro da Providência. Und sind Favelas schon grundsätzlich Sperrgebiet für jeden, der dort nichts zu suchen hat, so genießt Rios älteste Favela noch einen extra harten Ruf. Was mich zu der Überlegung veranlasst, dass es eventuell auch nicht so ratsam ist, direkt unterhalb von Providência stundenlang darüber zu meditieren, wie ich in die Straße dahinter komme.

„Du hast dir ja 'ne super Gegend ausgesucht", sagt der Taxifahrer, nachdem ich mein Fahrtziel genannt habe. Er nimmt noch mal Anlauf und knattert dann mit achtzig Sachen durch den spärlich beleuchteten Tunnel. Keine Menschenseele zu sehen. Dahinter heruntergekommene Altbauten, heruntergelassene Gitter. „Die Rua do Livramento ist eine Einbahnstraße, ich kann hier nicht einbiegen. Ich muss außen rum fahren", sagt der Taxista. Bin das wirklich ich, die da antwortet: „Du kannst mich auch hier rauslassen, ich geh dann zu Fuß rein." Schade, dass Ralf jetzt nicht hier ist, um „Halt die Klappe" zu sagen. „De jeito nenhum. (Auf keinen Fall.) Wenn du dich nicht auskennst, ist das zu riskant. Wir fahren außen rum und suchen die Adresse."

Wir fahren außen rum, und zwar dreimal, weil die Hausnummer nicht zu finden und es überall stockdunkel ist. Der Taxista gibt nicht auf. „Olha só, nach der Lage müsste das hier die richtige Hausnummer sein, was meinst du?" Er zeigt auf ein großes, dunkles Gebäude, im Erdgeschoss eine Garage, zwei Männer im Blaumann, vermutlich eine Lagerhalle. „Frag doch mal, vielleicht wissen die was." Ich geh rüber zu einem der Blaumänner, und sieh an, er ist kein Mechaniker, sondern er ist der Porteiro, und die Lagerhalle ist das Verlagsgebäude. Mein Erscheinen wurde ihm schon angekündigt, darum hat er ein Besucherschildchen zum Anheften vorbereitet.

Um Tonnen erleichtert laufe ich zum Taxi. „Ein Glück, dass du mich nicht hast aussteigen lassen. Ich wäre hier Stunden herumgeirrt. Muito obrigada." „De nada" (Dafür nicht), sagt der Taxifahrer, „hier ist es um diese Zeit wirklich gefährlich. Geh nicht allein zurück, hörst du? Fahr mit jemandem mit." Natürlich hat er ein Geschäft gemacht, aber ich spüre, dass es das nicht allein ist; dass er wirklich sicherstellen will, dass mir hier nichts passiert. Er ist halt Carioca, denke ich und fasse

ihm zum Abschied an die Schulter. „Tchau. Vai com Deus!"
Erst später wird mir bewusst werden, dass ich in diesem Moment ein für mich ganz untypisches Bedürfnis hatte, nämlich jemanden, den ich nicht kenne, zu berühren. Wie es die Cariocas fortwährend tun.

„Olá, Fouk! Que alegria!" (Hallo Frauke! Welche Freude!), ruft Marisa mir entgegen, „Wie schön, dass du uns gefunden hast!", sie küsst und umarmt mich, als wäre ich ihre seit zehn Jahren totgeglaubte Halbschwester aus Übersee. Eventuell bin ich wirklich sympathischer, als ich dachte. Eventuell hätte sie aber auch den Taxista so begeistert empfangen, wenn er mit reingekommen wäre.

Ein Rundgang durch die Redaktion führt uns zum Schreibtisch von Marisas Freundin Raquel. „Du bist Deutsche, das ist ja toll! Ich lerne Deutsch beim Goethe-Institut. Es ist wahnsinnig schwierig." „Das glaube ich sofort", sage ich und freue mich, jemanden zu treffen, der sich um meine Sprache bemüht und nicht immer nur umgekehrt. Am Ende unserer vierminütigen Unterhaltung lädt mich Raquel zu ihrer Hochzeit ein, Samstag in zwei Wochen. Ich beschließe, mich nicht darüber zu wundern. Der Taxista wäre bestimmt auch gern gekommen.

Der Redaktionsparkplatz ist an der Rückseite des Morros do Livramento gelegen, seine schwarzen Umrisse heben sich gegen den Himmel ab. Es wäre weniger unheimlich, wenn eine Funzel das Gelände beleuchten würde. Über den stockfinsteren Hof tasten wir uns zum Auto eines Kollegen vor, der uns und zwei andere Kolleginnen ein Stück mitnehmen will.

Zum Stichwort „ein Bier trinken gehen" hat Marisa bereits Pläne. „Am Praça Mauá spielen heute Abend die ‚Escravos' (Sklaven). Da gehen wir hin, das wird dir gefallen", teilt sie freundlich mit, und ich bin zwar erstaunt darüber, dass die Sache entschieden ist, noch bevor ich überhaupt sagen könnte, dass ich gern mitkomme. Aber nach den Widrigkeiten der

Anreise ist es angenehm, mit fünf Cariocas in einem Auto zu sitzen, der Typ am Steuer weiß, wo er hin muss, und ich genieße das portugiesische Genuschel um mich herum und schaue aus dem Fenster.

Wir fahren Richtung Hafen, weiterhin fast niemand auf der Straße, die alten kleinen Häuser vergittert, hier und da ein Lagerschuppen. Gerade träume ich, wir könnten ewig weiterfahren, da biegt das Auto um die Ecke, und vorbei ist die Ruhe. Möglich, dass im ganzen Viertel keiner war, weil alle hier sind: auf dem „Largo de São Francisco da Prainha" (Platz des Sankt Franziskus vom kleinen Strand), unter Bäumen, umgeben von Reihenhäusern aus der Kolonialzeit: Fensterläden und schmiedeeiserne Balkone, die Fassaden zartgrün verschimmelt, orangefarbene Straßenlaternen. Mehr kann man für den Moment über diesen Platz und die Veranstaltung nicht sagen, denn sie ist überfüllt. Es gelingt Marisa und mir gerade noch auszusteigen, da stoßen wir schon vor eine Wand aus fahrenden Händlern, die schmackhafte Grillware anbieten: Spieße und Steaks, auf Wunsch mit selbstgemachtem Salat aus der Frischhaltebox und dem unvermeidlichen „Farofa", grob gemahlenem Maniokmehl, das in Brasilien zu jeder Speise gereicht wird, bar jeden Eigengeschmacks und mit dem einzigen Effekt, dass einem die Mundhöhle einstaubt und man noch ein Getränk dazu kaufen muss. Neben Marisa biegt gerade ein Getränkehändler in die Meute ein. Mit seiner Styroporbox voller Dosen und Eiswürfel fräst er eine Schneise ins Publikum. „Hinterher!", bestimmt Marisa, und so gelangen wir schließlich nach vorn.

Die elf Musiker stehen auf dem Fußweg. Mit Gitarre, Cavaquinho, zwei schlagen Surdo, zwei das Pandeiro, wieder andere singen und spielen Tamburin – ein Haufen von Leuten zwischen dreißig und sechzig in zu groß geschnittenen T-Shirts, auf denen „Eu canto Samba" steht, ich singe Samba. In dieser Zusammensetzung könnten sie sowohl einem Töp-

ferkurs als auch einer Borderline-Selbsterfahrungsgruppe ent-
sprungen sein. Sie sind, so kann man wohl sagen, das Gegenteil von cool.

Genauso bunt wie die Band ist auch das Publikum. Man
singt, quatscht, trinkt Bier, hier und da versucht ein Paar auf
einer Din-A-4-Fläche zu tanzen.

„Die ‚Escravos de Mauá‘ (Sklaven von Mauá) sind keine
Band, sondern ein ‚bloco‘ (Carnavalsblock). Im Carnaval ziehen sie mit ihrer Musik durch die Straßen, die Leute laufen
hinterher“, erzählt Marisa. „Wir haben August“, werfe ich ein.
„Ja, aber Fouk, wir Cariocas sind verrückt nach Carnaval! Wir
können doch nicht bis Februar warten, bis es wieder losgeht!
Und dann soll der Bloco natürlich perfekt sein, also veranstal-
ten alle über das Jahr verteilt Proben, um in Form zu bleiben.
Die Escravos laden einmal im Monat zur ‚Roda de Samba‘
(Sambakreis) hier auf dem Platz.“ Wenn alle, die heute hier
sind, nächsten Februar mitlaufen, wird das eine lustige Veranstaltung.

Offenbar gefallen sich die Sklaven von Mauá in einer
gewissen Exklusivität. Obwohl sie einmal pro Monat spielen,
habe ich nie einen Hinweis in der Zeitung gelesen. „Es gibt
keinen“, erklärt Marisa, „es gibt einen Internet-Newsletter, den
hab ich fünfmal abonniert und noch nie eine Nachricht erhalten. Letztlich gibt es nichts außer irgendwem, den man kennt,
der einen kennt, der einen von den Escravos kennt, und der
hat ihm gesteckt, dass sie Freitag spielen.“

(Um einmal vorzugreifen: In dieser Nacht werde ich zum
größten Escravos-Fan in ganz Rio. Danach werde ich jeden
Monat Himmel und Hölle in Bewegung setzen, bis mir irgendwer den nächsten Termin zuspielt. Das Gefühl ‚Jetzt hab ich
es in Rio geschafft‘ werde ich im November haben, weil ich
über dunkle Kanäle die Handynummer einer Mitwirkenden
erhalte. Ich. Eine Deutsche. Im Januar werde ich einmal anrufen. Mit Schweiß auf der Stirn, im geistigen Ohr schon die

Reaktion am anderen Ende: „Waaaas? Du wagst es, mich zu stören, nur um zu fragen, ob wir Freitag spielen? Du, eine Deutsche? Ihr könnt doch gar nicht tanzen!" Realiter wird die Handystimme sagen: „Nein, meine Liebe, diese Woche nicht, aber nächsten Freitag. Du kommst doch auch? Sag allen Bescheid!")

Einige Lieder erkenne ich wieder. Vermutlich, weil ich seit meinem ersten Sonntagabend im Semente, dem kleinen Sambaclub in Lapa, jeden Sonntag dort war. Marisa kann zwar alles mitsingen, kennt aber keine Titel. So hilft mir die Nachbarschaft, die dann belustigt zuschaut, wie ich mir die Namen der Lieder auf einem alten Kassenbon notiere. „Mentiiiira" (Lüge) singt der ganze Platz den Refrain des „Samba do grande Amor" (Samba von der großen Liebe). Chico Buarque hat ihn geschrieben, der alte Frauenversteher. Vielleicht wirklich der richtige Kandidat für meine erste CD.

Gerade hat sich jemand in die Reihe vor uns gekämpft, holt aus seinem Rucksack ein Tamburin und schlägt den Takt mit. Weiter links steht auch einer. Ich mache mich auf nach hinten, um vier Dosen Bier zu holen, denn mittlerweile sind zwei Freundinnen von Marisa zu uns gestoßen, nachdem man achtmal telefoniert hatte, um unseren Standort auszuloten.

„Moment mal", sage ich zu den vier Dosen. Der da vorn, das ist doch ... „Falkland!", ruft Otávio, als sich unsere Blicke treffen. Dass er sich überhaupt an irgendwas erinnert, erstaunt mich ehrlich. „Wie schön, dich hier zu sehen", sagt er. Otávios Lieblingsthema und seine körperliche Verfassung vom letzten Mal sind mir nicht in bester Erinnerung, doch muss ich auch zugeben, dass ich es cool finde, hier einen Bekannten zu treffen. Es ist das erste Mal in Rio, dass ich einen Bekannten treffe, schließlich hab ich nur ungefähr acht: Andreia, Tarso, João, Thiago, Marisa (seit drei Stunden), ihre beiden Freundinnen (seit einer Stunde) und Otávio. Toll, die Hälfte aller meiner Bekannten ist hier. Ein Heimspiel.

„Oi, Otávio! E aí, tudo bem?", frage ich. „Tudo, sim. Bist du öfters hier?" „In Zukunft bestimmt, aber heute zum ersten Mal." Otávios Informant ist ein Arbeitskollege, er verpasst kaum eine Roda hier auf dem Platz. „Was sind das für Leute, die Escravos de Mauá?" Otávio erzählt, dass sich der Bloco vor über zehn Jahren gegründet hat, und damals fast alle Mitglieder bei derselben Behörde angestellt waren, hier ums Eck. „Weißt du, zu Zeiten der Leibeigenschaft im 18. und 19. Jahrhundert, da waren hier am Hafen die Sklavenmärkte. Per Schiff trafen die Afrikaner ein und wurden am Praça Mauá verkauft. Als die Sklaverei verboten wurde, 1888, sind sie und ihre Nachfahren hier im Hafenviertel geblieben, weil es Arbeit gab und man billig wohnen konnte. Ihre Musik, ihre Religiosität, ihre Traditionen haben sie weitergelebt und hineingetragen in die Kultur der Kolonialmacht. Das hat sie unwahrscheinlich bereichert. Die ganzen ranzigen Viertel hier sind eigentlich die Wiege unserer Kultur. Hier hat es den allerersten Straßencarnaval gegeben, die Schwarzen haben ihn gefeiert und Musik gespielt und Lieder geschrieben, die wir heute noch singen."

Weil der Carioca nicht dafür gemacht ist, am Schreibtisch zu sitzen, wählten viele Jahre später die Gründer dieses Blocos ihren Namen „Escravos de Mauá" als ironisches Lamento ihres Büroalltags und als tiefe Verbeugung vor den Großvätern des Samba.

„Ich will mir morgen CDs kaufen. Eine schon mal von Chico Buarque. Aber diese Lieder, die hier heute gespielt werden, die wir neulich im Semente gehört haben, wie finde ich die?", frage ich Otávio. „Hast du was zu schreiben?"

Und dann fallen zum ersten Mal die Namen derjenigen, deren Musik meine Zeit in Rio prägen wird: Cartola, Zé Kéti, Dona Ivone Lara, Candeia und viele andere. Es sind die Altmeister des Samba carioca, deren Lieder vor etlichen Jahren den Siegeszug durch die Eckbars von Rio antraten, überall da, wo sich ein paar Leute gemeinsam hinhockten und Musik machten, während die anderen mitsangen und tanzten.

„So sind aus den Kompositionen Volkslieder geworden, ein Kanon von Melodien, die beinahe jeder mitsingen kann und die alle lieben. Ich kann HipHop hören, oder The White Stripes oder Eure Techno-Pioniere, wie hießen die noch aus den Achtzigern?" Er kann nur Kraftwerk meinen. „Genau! Sie iiiiist ein Model ..." „... und sie sieht gut aus", ergänze ich lachend. „Was ich sagen will", sagt Otávio, „egal, welchem Stil ich mich verschreibe, diese Musik hier, das, was die da vorne spielen, das ist meine Musik, meine Kultur. Das bin ich."

Mir fällt kurz nichts ein. Es liegt nicht an den Vokabeln, sondern ich habe das Gefühl, Otávio besitzt etwas, das ich misse: eine musikalische Identität, gespeist aus dem Liedgut seines Heimatlandes.

„Für wen ist eigentlich das Bier?" „Drei Freundinnen warten darauf", antworte ich, wobei mir auffällt, dass ich Marisa immer noch überhaupt nicht kenne. Diese Veranstaltung lud bislang auch nicht dazu ein, sich über Weltanschauungen auszutauschen. Mag sie ihren Job? Hat sie einen Freund? Ich habe keine Ahnung.

„Wir stehen ganz vorne links. Da muss ich mich jetzt mal durch – ..." Noch bevor mir eine Idee kommt, was „quetschen" auf Portugiesisch heißen könnte, hat Otávio meine Hand gegriffen und zieht mich ins Getümmel, Richtung Musik.

Aufstehen, essen, arbeiten, schlafen gehen – seit drei Tagen tue ich das alles mit Chico Buarque. Wenn die Sonne nachmittags über die Berghänge in meine Wohnung strahlt, während ich den Sand von meinem Holzfußboden fege, dann besingt Buarque die Anmut von Rio de Janeiro. Bald komme ich über den „Samba de Orly" nicht mehr hinaus. So offenherzig kommt das Lied daher und leichten Fußes, dass ich den Text lerne, um mitzusingen.

„Buarque hat das Lied geschrieben, als er in Italien im Exil saß", erklärt mir João, mein Kollege aus dem Lokalressort. Ich habe ihn heute bei einer Recherche begleitet, wir besuchten Asthmakranke in einem Hospital der Zona Norte. Nun sitzen wir vor dem „Torre de Barão", einer Eckbar in Ipanema. „Buarque verabschiedet in dem Lied einen Freund, der aus dem Exil nach Rio zurückkehrt, oder?" Ich liege nicht verkehrt. „Es spielt am Flughafen Paris-Orly, darum auch der Name, ‚Samba de Orly'. Von dort gingen die Flüge nach Rio. Buarque ist nicht lange in Europa geblieben, ich glaube, er hatte große Sehnsucht nach Rio." Ich muss an Oscar Niemeyer denken, der auch im Exil in Europa war. Sehnsucht nach Rio – „saudade", das kann ich mir gut vorstellen.

Der Kellner möchte wissen, was wir trinken wollen. João sagt: „Also ich nehme ein Chope und sie", er deutet auf mich, „möchte, da sie Deutsche ist und der Meinung, man müsse in Rio Caipirinha trinken, eine Caipirinha trinken." Es stört mich in keiner Weise, auf meine nationale Herkunft reduziert zu werden. Als ich neulich an einer großen Redaktionskonferenz vom Jornal Globo teilnahm, stellte mich der Chefredakteur vor mit: „Das ist Frauk. Sie ist deutsch. Sie kennt den Papst." Immerhin hat er nicht Falkland gesagt. Ich bin inzwischen auch in der Lage, Aussagen wie „Você nem parece tão alemã" (du wirkst gar nicht so deutsch) als Kompliment zu verstehen. Wenn ich mir dann nicht verkneifen kann zu fragen: „Mas porque não?" (Warum denn nicht?), kommt als Antwort: „Du lachst so viel."

Der Besuch im Hospital heute Nachmittag hängt mir noch nach. „Sind alle Krankenhäuser in Rio so schlecht ausgestattet?" Auf mich hat die Einrichtung wie aus den Siebzigern gewirkt. „Nein, nur die staatlichen", antwortet João. Eine medizinische Versorgung ist in Brasilien für alle Menschen kostenfrei, das hört sich gut an. „Praktisch ist es aber so, dass du,

Frauk, wenn du krank bist, in ein anderes Krankenhaus gehst als die Frau aus der Favela. Du gehst nämlich in eine privat geführte Klinik. Und die zwingt natürlich niemand, auch die Frau aus der Favela zu behandeln, die nicht zahlen kann und keine Krankenversicherung hat. Die hat ja nicht mal eine Adresse." Die Frau aus der Favela geht wie alle ihre Nachbarn zu irgendeiner staatlichen Klinik, die – genauso wie ich es heute gesehen habe – technisch veraltet und total überfüllt ist. „Eles morrem na fila", sagt João. Sie sterben in der Warteschlange.

Das Zauberwort heißt „cidadania" (Bürgerrecht). Das ist es, was fehlt in der Favela, sie existiert offiziell ja nicht mal. Mein Stadtplan tut so, als seien Favelas Parklandschaft. Er malt sie grün. Niemand holt den Müll ab, niemand repariert eine Wasserleitung. „Wenn einer meiner Nachbarn auf dem Morro do Cantagalo versuchen würde, ein Gewerbe zu eröffnen, hätte er Chancen auf einen Kredit?" „Dein Nachbar in Cantagalo kriegt, wenn er Glück hat, gerade mal Post",[3] sagt João und schaut auf sein Bierglas. Ich weiß nicht, was ich sagen soll. „Weißt du, ihr wohnt keine dreißig Meter voneinander entfernt", sagt João, „aber das ist nicht entscheidend. Entscheidend ist: Eles estão no morro, você está no asfalto." (Sie sind auf dem Berg, du bist auf dem Asphalt.)

Auf diese zwei Begriffe lässt sich das, was Rio krank, sogar hässlich macht, herunterbrechen. Morro und Asfalto. Sonntags liegen sie am selben Strand, abends schauen sie dieselbe Novela. Doch sie leben in zwei Welten: auf dem Morro und dem Asfalto.

„Eines Tages werden sie runterkommen von ihrem Berg und auf die Straße gehen", sagt João. Dieser Gedanke kam mir gerade. „Es sind so viele Arme. Was muss passieren, damit es so weit ist? Warum legen sie nicht den Verkehr lahm? Besetzen die Behörden?" Warum stecken sie keinen Knüppel zwischen die Zahnräder? „Ganz ehrlich, Frauk. Ich weiß es nicht."

Ein Sonntag im Winter, warm, wolkig. Sonntags in Ipanema sind zwei Dinge obligatorisch: die „feira hippie" (Hippiemarkt) am Praça (Platz) General Osório und einmal die Küstenstraße rauf- und runterlaufen. Das sind drei Spuren stadtauswärts, dann ein Mittelstreifen mit Palmen, dahinter drei Spuren stadteinwärts, schließlich ein Weg für Fahrräder und Jogger und dann das entscheidende: die „calçada" (Fußweg). Die Calçada ebnet den Übergang vom Urbanen in die Natur, vom sechsspurigen Autoverkehr zu Sandstrand und Atlantikwellen. Rios berühmtester Landschaftsarchitekt Roberto Burle Marx hat diese Aufgabe wunderbar gelöst mit einem Mosaikboden aus Natursteinen. Schwarze Quader mit weißen Rahmen, weiße Quader mit schwarzen Rahmen, die Ecken weich gerundet. Aus der Vogelperspektive wirkt die Calçada wie ein Tapetenstreifen aus den Siebzigern.[4]

Ich genieße die Ruhe, denn sonntags sind von den sechs Spuren der Küstenstraße drei gesperrt. Hier wird spaziert, gejoggt, geskatet, hier lernen Kinder Fahrrad fahren, Straßenhändler verkaufen Getränke, Popcorn oder Maiskolben, Masseure bieten ihre Dienste an. Alle fünfzig Meter etwa kann man sich an einer Holzbude, genannt „quiosque", mit Snacks versorgen und von einer Sitzgruppe aus auf den Strand schauen.

Während ich einen Maiskolben essend Richtung Dois Irmãos schlendere, passiere ich zunächst Posto 8 und achthundert Meter weiter Posto 9. Die gigantischen Zahlen an der Fassade der Postos, von denen aus die Lebensretter den Strand überblicken, helfen perfekt bei der Orientierung. Am Posto 9 legt ein DJ Nachmittags-House auf, man sitzt mit Cocktails im Sand und plaudert. Ich freue mich, als ich den Track eines Berliner Musikers erkenne. In Rio am Strand wird deutscher House aufgelegt, Kompliment.

Am Posto 10 stoße ich auf eine befremdlich wirkende Ansammlung von Leuten. Zwei Typen sitzen im Sand, einer schlägt ein Tamburin, der andere ein Surdo. Etwa fünfzig

Frauen und einige Männer haben Hand in Hand zwei Kreise gebildet, der innere tanzt linksherum, der äußere tanzt rechtsherum. Dazu singen sie ein Lied, dessen Text ich nicht verstehe, der einzige mir vertraute Ausdruck, der immer wieder auftaucht, ist „peixe" (Fisch). In Berlin würde ich denken: „Schon wieder Kirchentag?" Die Leute hier benehmen sich zwar wie Kirchentag, sehen aber nicht so aus. Keinerlei Batikrobe, nicht eine Friedenstaube zu erspähen, schon gar kein Rucksack mit Liederbüchern. Die Teilnehmer dieses Happenings kommen vorwiegend in Badekleidung daher, stilistisch uneinheitlich, was auch gegen die Theorie „Erweckungsbewegung/Politische Manifestation" spricht. Ich bin dem Tanzen und Singen in Gemeinschaft nicht abgeneigt, jedoch vor welchen Weltanschauungs-Karren lässt man sich hier spannen, den ich noch nicht entdeckt habe? „Entschuldigung, was singen die da? Ich verstehe immer nur Fisch", frage ich eine ältere Dame neben mir. „Oh, das ist einfach", antwortet sie und singt eine Strophe mit, extra prononciert.

Caranguejo não é peixe	Der Krebs ist kein Fisch
Caranguejo peixe é	Der Krebs ist ein Fisch
Caranguejo só é peixe	Der Krebs ist nur ein Fisch
Na enchente da maré	bei Hochwasser

Ich denke, von dieser Veranstaltung geht keine unmittelbare Gefahr aus.

Ich: Verzeihung, ist denn heute ein Feiertag?

Sie: Nein, heute ist Sonntag.

Ich: Gab es ein Fest hier am Posto 10?

Sie: Nicht dass ich wüsste. Warum fragst du?

(Weil hier fünfzig erwachsene Menschen in der Öffentlichkeit Ringelreihen tanzen und einen Fisch-Reim singen. Da, wo ich herkomme, würde man die Polizei rufen. Hier werde ich wohl mal fragen dürfen, was es damit auf sich hat.)

Ich: Na ja, ich wüsste gern, warum die Leute hier tanzen und singen.

Sie: Na, weil es Spaß macht. So läuft das doch immer. Irgendwer setzt sich hin und macht Musik, und dann fängt man an zu tanzen. Woher kommst du?

Ich: Aus Deutschland.

Sie: Ach so.

Ich kenne ihn schon, diesen mitleidigen Blick, der mich einerseits nervt, andererseits: Warum erscheint auf deutschen Straßenfesten genau dieses einfache – irgendwer macht Musik, und dann fängt man an zu tanzen – eine Hürde, die nicht zu bewältigen ist? Warum ist das intensivste Gemeinschaftserlebnis die Schlange am Crêpes-Stand?

Die Dame verabschiedet sich freundlich, ich schaue noch eine Weile zu, schmeiße schließlich meine Tasche in den Sand, denke „Niemand zuhause wird das je erfahren" und reihe mich ein.

Der Hippiemarkt sonntags am Praça General Osório ist nicht jedermanns Sache. Wer aber eine Schwäche für Kleinkram hat, findet an den vielen Ständen immer was. Und wenn es nur ein Kühlschrankmagnet mit Zuckerhut drauf ist (zwei Real, drei für fünf Real). Ich habe mir bereits Bastkörbe für meine Schreibsachen gekauft, ein Strandtuch, diversen Modeschmuck, Silberschmuck, Sommerkleider, einen Kochlöffel, Fußballtrikots für meine Neffen und einen zehn Zentimeter hohen Cristo Redentor aus Stein, dem mittwochs drauf gleich ein Arm abgefallen ist.

Mein Telefon meldet eine SMS. „Formosa. Quero te ver esta noite no Semente." (Ich will dich sehen. Heute abend im Semente.) Das klingt nach Otávio. Aber was heißt „formosa"? Meinem Mini-Dicionário, das ich immer in der Tasche hab, fällt dazu nichts ein. Die andere Möglichkeit ist ein bisschen peinlich, aber nach meinem Fisch-Tanz macht das auch nichts mehr. „Kannst du mir einen Gefallen tun?", frage ich den Kochgeschirr-Verkäufer hinter seinem Stand. „Ein Typ hat mir diese SMS geschickt. Kannst du mir erklären, was ‚formosa' heißt?" Der Verkäufer, etwa sechzig, rückt seine Brille zurecht und studiert mein Display. „Meu bem. Eins ist sicher: Dieser Typ will flirten." Er grinst mich begeistert an. „Eine ‚formosa' ist ein hübsches Mädchen. Dazu gibt es auch ein Lied von Vinícius de Moraes. Wunderschön. Woher stammst du?" Wir plaudern noch, und erst auf dem Weg nach Hause fällt mir auf, dass meine indiskrete Frage weder mir noch ihm peinlich war. In Fragen zum Paarungsverhalten stellt jeder Carioca seine Expertise gern zur Verfügung.

„Du hast eine Tochter?" Das war ungefähr das Vorletzte, womit ich bei Otávio gerechnet hätte, unwesentlich wahrscheinlicher als „Ich arbeite für den Mossad". Wir stehen in der Pause vor dem Club auf der Straße. „Dilma ist schon zwölf Jahre alt. Wir leben zu viert – meine Eltern, Dilma und ich." Ich verschlucke mich an meinem Bier. Wo ist die Mutter?

Er: Wir waren zu jung, mit Kind war es einfach zu viel. Mal wollte sie nicht mehr, dann wollte ich nicht mehr, als wir mal beide zugleich nicht mehr wollten, haben wir uns getrennt.

(Ein Beziehungsgespräch! Ich bin in meinem deutschen Element.)

Ich: Und jetzt? Sieht deine Tochter ihre Mutter oft?

Er: Selten am Wochenende.

(Super gemacht, Frauke. So weit seid ihr schon mal. Und jetzt das Problem suchen! Da wird's doch eins geben, Himmelsackzement!)

Ich: Ach so, ihr teilt euch das nicht?

Er: Nein, meine Exfrau ist wieder verheiratet und hat zwei Kinder. Dilma passt in ihr neues Leben nicht mehr so rein.

(Treffer.)

Ich: Oh, bestimmt nicht einfach für deine Tochter.

Er: Ach, das geht. Meine Eltern kümmern sich super um sie. Sonst könnte ich nicht genug arbeiten. Oder jetzt hier sein.

(Ich seh's ein. Cariocas haben keine privaten Probleme.)

„Du bist nicht gerade der Prototyp des brasilianischen Vaters, oder? Neulich las ich, dass ein Spieler irgendeines Erstliga-Fußballclubs beim Training von der Polizei verhaftet wurde, weil er sich weigerte, Alimente zu zahlen." Otávio lacht. „Du sagst, irgendeines Erstliga-Fußballclubs? Meu Amor, über den brasilianischen Fußball weißt du noch gar nichts, oder?" „Ich weiß, dass ihr verrückt seid. Egal ob ich nachts um zwei oder um drei oder um vier Uhr im Taxi an den Fußballplätzen in Flamengo vorbeikomme, wird immer gespielt. Immer." „Das ist nicht verrückt, das ist der Regional-Cup der Restaurations-fachkräfte", entgegnet Otávio. „Ah entendi, elf Pizzeria-Köche gegen elf Sushi-Kellner, oder was?" „So in etwa. Die haben halt vor Mitternacht keine Zeit." „Sag ich ja", fasse ich zusammen, „ihr seid verrückt. Außerdem weiß ich, dass jeder Carioca entweder Flamenguista oder Botafoguense oder Tricolor oder Vascaino[5] ist, und dass alle eure *guten* Fußballer für Mailand oder Real Madrid spielen." Otávio japst nach Luft. „Wir pauken heute auf der Rückfahrt im Bus mal ‚primeira divisão' (Erste Liga). Hier gibt es nichts Wichtigeres als Fußball." Durch das Fenster tönt das erste Lied nach der Pause herüber. „Doch", sage ich, „Samba!" Und wir springen die Treppe hoch ins Semente.

Wo Otávio und ich uns nun seelisch so nahe gekommen sind, möchte er das auch gern körperlich umsetzen. Beim Tanzen wird es feuchtwarm an meinem Hals. „Beijar não dá!" (Küssen gibt's nicht!) Als die Schockwelle sein Ohr erreicht, schreckt er zurück, wir starren uns an und müssen lachen. „Tudo bem", brüllt Otávio. „Deine Grenze ist meine Grenze."

Anmerkungen zum Agosto

[1] „Rouba, mas faz" (Er stiehlt, aber er kriegt was zustande) war der Slogan, mit dem der bekanntermaßen korrupte Politiker Adhemar de Barros einmal Präfekt von São Paulo wurde. Der Slogan ist zum Sprichwort geworden und zeigt das ambivalente Verhältnis der Brasilianer zur Korruption. Öffentlich als Übel gescholten, scheint sie Vielen der einzige Weg zu sein, um überhaupt etwas in Gang zu bringen. Warum? *Steinalte Bürokratie* nannte mir der Wirtschaftswissenschaftler Wanderley Guilherme als Grund. Das Verwaltungssystem wurde fünfzig Jahre nicht modernisiert. Brasilien ist jedoch heute eine Industrienation mit enormer Wirtschaftskraft und komplexen Bedürfnissen nach staatlichem Service: Justiz, Marktregulierung, Bildung, Gesundheit. Der marode Apparat ist überfordert. Um eine Genehmigung, eine Bescheinigung etc. zu bekommen, muss man einen Weg um die Bestimmungen herum finden. Für diesen „Um"-Weg hat der Carioca den Spitznamen „jeitinho" kreiert, verniedlichend, denn in seinen Augen ist Schmieren zwar illegal, aber unvermeidbar. Also akzeptabel. *Steinalte Gesetze* sind ein weiterer Grund. Im brasilianischen Recht gibt es noch Gesetze, die im 19. Jahrhundert geschaffen wurden mit dem einzigen Ziel, Privilegien zu schaffen. Reiche Straftäter kamen in andere Gefängnisse als Arme. Besitzlose durften kein Land kaufen. Solche Gesetze existieren noch in der Rechtsprechung, und diese urteilt noch heute ungleich über Reich und Arm. Diese Systemfehler nannte mir der renommierte Soziologe Roberto Kant als Hauptursache. Das brasilianische Recht ist nicht universell, sondern relativ, und vielen Bürgern fehlt die Erfahrung, dass das Recht sie auch schützen kann. Wer sich aber auf die Regeln nicht verlassen kann, umgeht sie lieber. Man einigt sich auf einen Kodex außerhalb der Regeln, der Korruption als notwendiges Übel akzeptiert.

[2] „Garota de Ipanema" komponierten Tom Jobim und Vinícius de Moraes 1962, zu einer Zeit, als sie gern an einem Tisch vor der Bar Veloso dem nachmittäglichen Müßiggang frönten. Der Blick auf den Fußweg Richtung Strand erlaubte es ihnen, Vorübergehende zu beobachten, unter denen sich immer wieder Helô Pinheiro befand, ein auffallend schönes Mädchen. Erst Jahre später erfuhr die junge Frau, dass sie die beiden zu einem Lied inspiriert hatte. Doch die Legende, das Lied sei direkt am Tisch vor der Bar entstanden, ist falsch.

Moraes hatte bereits einen anderen, depressiven Text für Jobims Musik verfasst, den beide verwarfen. So kam die Hommage an Helô Pinheiro zustande, die melancholische Züge enthält, jedoch deutlich mehr der weiblichen Schönheit und der Liebe huldigt. 1967 nahm Jobim mit Frank Sinatra die englische Fassung „The girl from Ipanema" auf, deren Text die Poesie des Originals jedoch verloren hatte.

3 Auch in Brasilien gibt es, wie in vielen anderen Schwellen- und Entwicklungsländern, Mikrokredite, die an mittellose Menschen vergeben werden. Üblicherweise bürgen mehrere Kreditnehmer als Gruppe, jeder für jeden, was die Verantwortung der Schuldner erhöht, die Raten pünktlich zu zahlen. Ein Favelabewohner, der mit einer Geschäftsidee reich geworden ist, ist Gilson Martins. Er hatte begonnen, aus Stoffresten Taschen zu nähen, mit Rios Wahrzeichen als Emblem. Heute werden seine Kreationen im Museum of Modern Art in New York ausgestellt, in Ipanema hat er eine Boutique. Doch die Regel lautet: Wer in der Favela geboren wird, stirbt auch in der Favela.

4 In Copacabana sind die Natursteine noch organischer gepflastert als weiße und schwarze Wogen, die das Wellenspiel des Atlantiks aufnehmen. Auch dieses Mosaik hat Roberto Burle Marx entworfen, mit Oscar Niemeyer und Lúcio Costa einer der Begründer der brasilianischen Moderne. Wie kein Zweiter hat Burle Marx daran gewirkt, dass die überschäumende Natur, die Rio de Janeiro umgibt, auch ihr städtisches Leben durchdringen konnte. Zu seiner Jugendzeit in den 1920ern hatte man Rios Parks in europäischer Strenge und Finesse gestaltet, mit zurechtgestutzter Natur. Burle Marx begann die üppigen, tropischen Pflanzen aus der Floresta da Tijuca in die Stadt zu holen, er kombinierte die Farben der Natur zu ausladenden Gesten, organisch und lebendig – Malerei mit der Natur. Auch mit den Pflastersteinen hat Burle-Marx gemalt. Die beiden Mosaike, die in Copacabana und Ipanema den Übergang der Stadt zum Strand ebnen, wurden stilbildend. Sie finden sich auf Badetüchern, Regenschirmen und Minikleidern.

5 Flamenguista = Fan des Fußballclubs Flamengo, Botafoguense = Fan des Fußballclubs Botafogo, Tricolor = Fan des Fußballclubs Fluminense, Vascaino = Fan des Fußballclubs Vasco da Gama, alle vier Clubs spielen in Rio.

Septembro

WAHRSCHEINLICH KANN ICH ES MIR ZEITLICH gar nicht leisten, schließlich steigt heute Abend meine erste brasilianische Hochzeitsfeier, aber es muss trotzdem sein. Ich laufe jetzt rüber zum Arpoador, zu der Felszunge, die Ipanema von Copacabana trennt. Während die Dois Irmãos den Strand von Ipanema nach Westen hin begrenzen, bildet der „Arpoador" (Harpunier) das andere, das östliche Ende. Noch ist eine halbe Stunde Zeit, bis die Sonne hinter den Bergen der Floresta da Tijuca verschwinden wird. Noch taucht sie den Strand in Gelb und lässt die Dois Irmãos schemenhaft im Gegenlicht erscheinen. An diesem Blick kann ich mich nicht sattsehen. Im Gegenteil, es wird schlimmer. Es ist eigentlich bereits so schlimm, dass, was auch immer ich zu erledigen hatte, ich an Sonnentagen ab 16 Uhr unruhig werde, wenn es irgend geht, den passenden Bus suche, um die letzten Sonnenstrahlen am Strand von Ipanema zu erheischen.

Der Sonnenuntergang ist mir Naturspektakel und Ruhepol. Der Sonnenschein, der am Tage gleißend brannte, der geblendet, erhitzt, ermüdet hat, ist nun ein Quell wohliger Wärme. Das Licht erquickt mir die Sinne, tippt sanft an jeden Nerv und verteilt das vielleicht einzig mögliche Gefühl beim Anblick solcher Anmut der Natur: Das Leben ist schön.

Um diesen Moment ein wenig zu dehnen, ging ich vor einiger Zeit erstmals hinüber, vorbei am Posto 8, am Posto 7, dann biegen die Autos ab Richtung Copacabana, und nur zu Fuß geht es noch ein paar hundert Meter weiter die Promenade entlang, bis zum Felsen. Aus demselben Granit wie der „Pão de Açucar" (Zuckerhut), aber so flach, dass er sich in Hawaianas[1] erklimmen lässt.

Als ich ankomme, sitzen über die Felszunge verteilt schon etwa fünfzig Menschen da, picknicken auf dem nackten Stein, manche halten eine Angel ins Wasser, andere schauen schweigend über Ipanemas Ellipse aus Sand in die Sonne. Ich wandere noch ein Stück auf dem Felsen in Richtung der offenen See, die Brandung schäumt unter mir an den Stein, nur zwanzig, dreißig Meter entfernt treiben ein paar Surfer auf ihren Brettern sitzend im Wasser und warten auf die nächste schöne Welle. Ich beneide sie darum, dass sie stundenlang dort draußen auf ihren Boards ausharren können, das Wasser und den Wind spüren. Die Skyline der Avenida Vieira Souto löst sich fast auf im gelben Dunst, als würde der feine Nebel der Gischt vom Wasser über den Strand und die sechs Autospuren bis dorthin reichen.

Der Ozean und die Stadt. Ungebändigte Natur und das pure Menschenwerk. Ich suche in meinen Erinnerungen nach anderen Küstenlandschaften: weißere Strände in Thailand, klareres Wasser in der Karibik, höhere Wolkenkratzer in New York. Aber wo sonst begegnen sich Zügellosigkeit und Zivilisation in so reiner Form, vereinen sich zu einer solchen Komposition: wild und urban zugleich.

Wahrscheinlich darf man gar nicht laut sagen, dass man die Skyline der Zona Sul liebt, denn die Hochhäuser sind Produkt der Immobilienspekulation in den 1960er Jahren. Zum Anfang des 20. Jahrhunderts befanden sich hier, wie auch in Copacabana, schmuckvolle Einfamilienhäuser, die ihrerseits die ganz ursprünglichen Fischersiedlungen ersetzt hatten. Als man merkte, wie viel Gewinnspanne in Immobilien dieser Lage steckte, wurde alles plattgemacht und durch Hochhäuser ersetzt, zum Teil sogar mehrfach. Fünfstöcker, die nicht genug einbrachten, riss man nieder und setzte Zehnstöcker an ihre Stelle.

Erst Fischerhütten, dann Villen, nun Apartmenthäuser – man soll mich dafür steinigen, aber ich liebe die Zehnstöcker und bin den Immobilienhaien ernsthaft dankbar, dass sie dem Ozean eine Stadt gegenübergestellt haben.

Schon verschwindet die Sonne hinter den Bergen, und die Cariocas mit mir auf dem Arpoador tun das, was auf diesem Felsen Tradition ist, nachdem man sich an einem so vollendeten Naturschauspiel erfreuen durfte: Sie applaudieren.

Auf die Hochzeitsfeier heute Abend bin ich gespannt, allein schon, weil es auf dem Junggesellinnenabschied vor drei Tagen hoch herging. Wir trafen uns in einer Disco im Centro, mit metallen glitzernder Tanzfläche, außen rum gepolsterte Sitzecken, das Publikum: fünfzig Prozent Schicksen in Begleitung, dreißig Prozent Männer fortgeschrittenen Alters, die dringend was klarmachen wollten, zwanzig Prozent reine Frauengruppen, darunter wir – Raquel als Braut, Sonilda, ich und drei weitere Freundinnen. Und dann die Musik. Ich finde, Brasilianer sind die tollsten Sambistas der Welt, aber sie sollen nicht versuchen, Rockmusik zu machen. Brasilianischer Rock ist nicht hart, nicht dreckig, hat keine Kanten und kommt in der Liste musikalischer Verbrechen gleich hinter dem Musikantenstadl.

Mir stand ein Abend brasilianischer Rockmusik bevor, was mich dazu veranlasste, mich zunächst eine Stunde hinter einem Gratis-Pommesbuffet zu verstecken, damit ich nicht tanzen muss. Nach weiteren zwanzig Minuten auf Toilette zwang ich mich auf den Dancefloor, mehrere meiner Junggesellinnen wurden bereits heftig von Mittfünfzigern in Bundfaltenhose angetanzt. Gerade als ich anhub, Marisa zuzuschreien, sie solle dem Trottel mal die Meinung sagen, wandte sich Marisa eben jenem zu, man umfasste sich und begann zu knutschen. Wäre in diesem Moment Hui Buh das Schlossgespenst auf die Tanzfläche gesprungen, hätte ich gesagt: „Schau mal, Hui Buh, was Marisa macht! Ist das nicht unglaublich?" Kurz darauf machte es sich eine Junggesellin mit einem gegelten

Poloshirt-Träger in einer Sitzgruppe bequem, eine dritte fand Gefallen an einem Endvierziger mit schütterem Haar. Ich plauderte mit Raquel, die als Braut auf Männerkontakt verzichtete, und zog mich dann für den Rest des Abends an das Pommesbuffet zurück. Diesen Junggesellinnenabschied noch im Kopf, halte ich bei der Hochzeit heute Abend bis auf einen Meteoriteneinschlag alles für möglich.

„Só um minutinho!" (Nur noch ein Minütchen!), ruft Marisa aus ihrem Kleiderschrank heraus. Wenn ein Carioca sagt „Só um minutinho", meint er damit: „Ich brauche noch mindestens eine Stunde, möchte dich aber nicht mit der Wahrheit belästigen, denn es geht dadurch nicht schneller, verdirbt aber die Stimmung." Wenn es etwas gibt, was alle Cariocas hassen, dann ist es schlechte Stimmung.

Die folgende Stunde nutze ich, um die Aussicht von Marisas Wohnung zum Cristo Redentor[2] zu genießen, ihren Entscheidungsprozess bezüglich der Garderobe zu flankieren und mich an den bereitgestellten Kartoffelchips zu überfressen. Da ich seinerzeit beim Kofferpacken zwar Unwetter, aber keine Hochzeiten in Betracht gezogen hatte, war ich selbst mangels Auswahl mit Ankleiden und Schminken in zwanzig Minuten fertig. Außerdem hatte ich mich beeilt. Schließlich ist einer Hochzeitsfeier in der Regel ein Trauungsakt vorangestellt, und da macht es sich gut, wenn alle pünktlich sind. Mutmaße ich, denn die Details der Veranstaltung hat mir Marisa am Telefon erläutert. Bis auf das wiederholte „Du kommst um 18.30 Uhr zu mir, tá?" habe ich kein Wort verstanden.

„E aí, hast du Otávio nach dem Abend bei den Escravos de Mauá vor zwei Wochen schon wieder getroffen?", fragt Marisa aus dem Badezimmer. „Wir waren am Sonntag drauf im Semente, und am Donnerstag im Democráticos"[3] antworte ich. „Und, muss Otávio immer noch für dich den Takt zählen?" Hätte ich das bloß nie erzählt. Am besten gleich zurückschießen. „Nein, muss er nicht. Soll ich mal was zu dem Typen sagen, mit dem du in der Disco geknutscht hast?" Können Cariocas hinterher drüber lachen, oder werden geschmackliche Ausfälle totgeschwiegen? „Nein, sollst du nicht." Aha. Totschweigen also.

Die Kartoffelchips sind alle. Ich blutige Anfängerin, als Einzige pünktlich, während Bianca und Mônica, zwei weitere Freundinnen, gegen 19.45 Uhr eintrudeln. Über die 75 Minuten Verspätung wird kein Wort verloren, stattdessen stürzen wir zu viert nach unten ins Foyer, drücken dem Porteiro pro Person eine Kamera in die Hand und schmeißen uns in Pose.

„Wir müssen zu einer Hochzeit ins Porcão, und die beginnt in zehn Minuten. Kannst du dich beeilen?", fragt Marisa den Taxista und beschert ihm den glücklichsten Tag des Jahres. Wir sausen am Corcovado vorbei, von dessen Gipfel aus Cristo auf uns runterschaut, der warme Fahrtwind rauscht uns um die Ohren. Der Taxista will wissen, wer heiratet, wann wir selbst heiraten wollen, ob eine von uns es in Betracht ziehen würde, *ihn* zu heiraten, entsprechend heiter setzt sich die Fahrt fort auf einer Schnellstraße am Ufer der Guanabara-Bucht entlang zum Porcão. Nachdem uns der Taxista seine Handynummer gegeben hat mit dem Auftrag ihn anzurufen, wenn wir heute Nacht wieder nach Hause wollen oder auch in den nächsten zehn Jahren irgendwohin, laufen wir zum Eingang.

„Das Porcão ist eine Institution", erklärt mir Bianca, als wir ins Foyer treten. Rustikaler Schick, ein wenig überdekoriert, sofort eilt uns ein Ober entgegen, um uns zum Festzelt zu geleiten, wo die Trauung stattfinden wird. Gerade kann ich durch die Glastür noch einen Blick in den Speisesaal werfen. Er hat die Ausmaße einer Turnhalle, fünfzehn Tische, riesig und rund, sind festlich für uns eingedeckt.

Wir erreichen die Hochzeitsgesellschaft um 20.03 Uhr – zu spät, aber immer noch eine Stunde früher als der Pfarrer, der leider aufgehalten wurde. So haben die zweihundert Gäste schon mal Gelegenheit, einander kennenzulernen. Bei der späteren Trauung sehen Raquel, die schwarzgelockte Mulattin, und Nivaldo, ihr blonder Surfer-Bräutigam, umwerfend aus.[4]

Nachdem alle an den Tischen im Saal einen Platz gefunden haben, halten Braut und Bräutigam eine Begrüßungsrede, wobei Raquel zehn Minuten lang redet und dann ihren Bräutigam fragt: „Wolltest du noch was sagen?" Angestoßen wird mit der ersten Runde Whisky für alle, was dazu führt, dass noch vor dem ersten Gang die Stimmung so ausgelassen ist wie bei deutschen Hochzeiten um drei Uhr morgens, sofern noch jemand auf ist.

Da das Porcão Rios bekanntestes Grillrestaurant ist, bestehen die nun folgenden Gänge des Festmahls aus Fleisch in allen Variationen, flankiert von einem erlesenen Beilagenbuffet. Ich kann verstehen, dass sich der Zweck einer vegetarischen Lebensweise für Einwohner eines Landes, das mehr Rinder als Einwohner hat, nicht auf Anhieb erschließt. „Bist du krank?", fragt mich eine Tante der Braut, mir gegenüber sitzend. „Nein, ich bin Vegetarierin", antworte ich und hätte nun noch etwa fünf Sekunden Zeit, um hinzuzufügen: „Ich erfreue mich dennoch sehr am Leben, lache gern, treibe Sport und habe Sex." Zack, fünf Sekunden vorbei, ich habe nichts gesagt und wurde von allen am Tisch in der Schublade „spaßfeindliche Ökobraut" verstaut. Erst als ich binnen fünfzehn Minuten die zweite Caipirinha bestelle, denken sie wohl: „Na, wenigstens säuft sie", und sind versöhnt.

Ich war sehr gespannt auf kulturelle Darbietungen – Hochzeitszeitung, Diashow mit Kinderbildern, umgedichtetes Liedgut, doch niemand hier gibt etwas zum Besten. Für die Feierlaune ist es tatsächlich nicht notwendig, denn die erste Polonaise geht schon durch den Saal, da hat der DJ noch nicht mal die Boxen angeschlossen. Brasilianer brauchen keine CDs. Brasilianer singen selbst.

Zur Belustigung seiner Gäste hat das Brautpaar einen großen Fundus an Karnevalsperücken, überdimensionierten Hüten, Mützen, Tüll und anderen Verkleidungen ausgeliehen. Als Erstes sehe ich die Brauteltern ein Foto mit ihrem Schwiegersohn machen: Die Brautmutter trägt eine schwarz-gelb geringelte Federboa, eine rosa Sonnenbrille und grüne Haare. Der Brautvater hat sich einen knapp ein Meter langen Stoffzylinder übergestülpt, nebst pinkfarbener Krawatte, und strahlt in die Kamera. Alle Gäste bejubeln das Trio und greifen dann selbst in die Trickkiste. Eine lila Perücke zerstört meine Hochsteckfrisur, aber die Fotos sind es wert. Danach startet der DJ mit MPB (Música Popular Brasileira) und internationalen Hits. Egal, was gerade läuft, es wird getanzt, als würde man dafür bezahlt, und zwar durch alle Generationen. Jedes Mal, wenn der Brautvater mit seinem ein Meter langen Stoffzylinder an mir vorbeihopst, fasst er mich an den Händen und wir drehen uns im Kreis.

„Ich kann nicht mehr, ehrlich. Meine Füße tun so weh", erkläre ich um zwei Uhr morgens Marisa, die ganz besorgt ist, weil ich mich nach nur drei Stunden nonstop dancing bereits setzen muss. „Aah, kein Problem, da wird dir gleich geholfen", sagt Marisa. Fünf Minuten später erscheinen zwei Herren mit großen Kartons und verteilen Badelatschen für alle in der passenden Größe. Ich stürze mich zum ungefähr zwanzigsten Mal auf Raquel, um ihr noch mal zu sagen, dass ihre Hochzeitssause das lustigste Fest ist, das ich je erlebt habe. Ich wanke zurück, nehme ein Mineralwasser in Empfang und tausche meine Pfennig-Sandalen gegen Hawaianas aus. Als ich gerade wieder los will Richtung Marisa und dem Rest der Mädels, fragt mich ein Typ von der Seite, wie ich heiße. „Falkland!", rufe ich und springe auf die Tanzfläche.

„Pass auf, du fährst raus nach Macumba, bestellst Rico einen schönen Gruß von mir, er soll dir Surfen beibringen", hat João gesagt. Seit er beim Mittagessen in der Globo-Kantine rief: „Você é surfista!" (Du bist Surferin!), verbindet uns die Passion für das Gleiten auf dem Wasser, auch wenn ich als Windsurferin ein Segel brauche. Was er vom Wellenreiten erzählt, klingt abenteuerlich, sinnlich, immer mehr drängte es mich, es selbst zu versuchen. Aber wie komme ich nach Macumba? „Stell dich in Ipanema einfach an den Strand und nimm den Bus Richtung Westen nach Recreio. Bleib eine Stunde im Bus, bis du einen Berg mitten im Meer siehst. Da ist Macumba."

Seit fünf Monaten bin ich in Rio, und heute fahre ich zum allerersten Mal von Ipanema aus nicht ins Zentrum, weg vom Atlantik, sondern nach Westen, weiter am offenen Meer entlang. Meine bisher mangelnde Neugier auf Rios Westzone laste ich den Dois Irmãos an. Sie begrenzen Ipanema mit solcher Entschiedenheit, dass ich mich bisher nicht fragte, wie es jenseits der Gipfel wohl aussieht. In meiner Vorstellung von Rio war an diesem Berg Schluss.

Nun befährt der Bus schon die Avenida Niemeyer, eine beängstigend schmale Küstenstraße direkt unterhalb der Dois Irmãos. Rechterhand über uns erhebt sich der schroffe Berg mit seinen beiden Spitzen, zu seinen Füßen beginnt die Favela Vidigal, deren Lichter ich abends sehe. Linkerhand tut eine rostige Leitplanke so, als sei sie in der Lage, sich einem Bus entgegenzustellen. Vielleicht sollte ich mich auf eine der Bänke rechts setzen, damit da mehr Gewicht ist und ich kontrollieren kann, ob der Busfahrer nach vorne guckt. Aber dann würde ich nicht den Atlantik sehen, der seine Wellen zehn Meter unter mir gegen die Felsen drückt, die Wassertropfen, die zu tausenden am dunklen Granit hochspritzen. So blau und frisch ist das Wasser, dass es mich danach verlangt hineinzuspringen. Selbst die Vorstellung, kopfüber mit dem Bus hineinzufallen, erscheint mir nicht ohne Reiz.

Wir erreichen hinter den Dois Irmãos die nächste Bucht, São Conrado. Hier versperrt mir der Berg den Blick zurück:

keinerlei Hinweis darauf, dass diese vier Kilometer lange Sichel aus Sand zu der Millionenstadt hinter den beiden Gipfeln gehört. Wieder zieht sich rechts eine Favela am Fels hoch, es ist Rocinha, das größte Armenviertel Rios, laut Schätzungen mit weit über hunderttausend Einwohnern.

Links passiert der Bus einige Hochhäuser, die direkt an den Strand grenzen. Wir umrunden den nächsten Berg, so hoch, dass ich ihn aus dem Busfenster heraus kaum erfassen kann, obwohl ich mich nun extra rechts rüber gesetzt habe. Der „Pedra da Gàvea" ist mir sogar am frühen Nachmittag etwas unheimlich. Sein Sockel zieht sich aus dem Atlantik, steigt behäbig an mit tropischem Wald, aus dessen Mitte dann ein riesiger Granitfels emporwächst. Von null auf 842 Meter über dem Meer, der höchste Küstenberg der Welt. Seine Felswand steht an manchen Stellen senkrecht nach oben, und vom Land aus betrachtet formt sie das kantige Gesicht eines alten Mannes. Irgendwann will ich mal da oben draufstehen, auf dem Hochplateau, das dem alten Mann ein Hut ist. Es gibt einen Weg hinauf, ein halber Tagesmarsch, aber es gibt auch Unfälle und Überfälle.

Nach einer weiteren halben Stunde über flaches Land sehe ich den „Pedra do Pontal", einen Berg vor dem Strand, im Wasser stehen.

„Entschuldigung, ich suche die Surfschule von Rico", rufe ich dem ersten Fahrradfahrer auf der Promenade entgegen. „Geh weiter geradeaus! Ein großer weißer Kiosk, den kannst du nicht übersehen."

Rico ist nicht da, aber dafür trifft gerade Cecília ein, mit Surfbrett unterm Arm: durchtrainiert, lange braune Locken, strahlendes Lachen. Sieht man so aus, wenn man surft? Ich will auch.

„Wir können in einer halben Stunde anfangen", sagt Cecília, „es kommen noch zwei Jungs, dann gehen wir zu viert raus." Als meine Mitschüler erscheinen, schleppen wir drei Bretter die Böschung runter zum Strand. Dienstagnachmittag, die Küste beinahe menschenleer.

„Siehst du einen Unterschied zwischen der Küste hier und Ipanema?", fragt Cecília. Ich betrachte das grün glänzende Meer, wie es weit draußen Wellen aus seinem Bauch nach oben schiebt. Fast behäbig steigen sie empor, bilden einen Kamm mit weißer Gischt darauf und rollen uns entgegen. Hinreißend schön, wie der Kamm schließlich vornüberklappt und die Welle bricht. Statt „Surfen" sagen Brasilianer oft „Pegar ondas", Wellen nehmen. Eine Sehnsucht überkommt mich, diese Wellen nehmen zu können. Zu lernen, wie man da draußen ist, wo nichts ist als das Meer mit seiner furiosen Kraft, gegen die kein Schwimmer länger als ein paar Minuten durchhält. Wie oft habe ich den Surfern am Arpoador schon zugeschaut. Man paddelt raus und kann dort bleiben, zurückschauen auf den Strand, von dem kein Geräusch herüberdringt.

„Die Wellen sind länger als in Ipanema", sage ich. „Sie beginnen weiter draußen und bauen sich langsamer auf." „Deshalb gilt Macumba als der beste Surfstrand in Rio", erklärt Cecília. „Der Boden formt die Wellen auf diese Art. So, jetzt machen wir uns warm."

Cecília scheucht uns durch den Sand – rennen, Kniebeugen, rennen, Liegestütz, rennen, Klappmesser –, nach fünf Minuten habe ich Visionen, wie ich den Atlantik austrinke. „Wenn euch die Welle tragen soll, müsst ihr bei ihrer Ankunft perfekt auf dem Brett liegen. Durchgestreckt, die Nase des Boards zum Strand gerichtet." Cecília springt von einem zum anderen, zeigt jedem die Position zum Liegen, dann müssen wir paddeln. „Wenn die Welle ein paar Meter entfernt ist, fangt ihr schon an zu paddeln. Ihr paddelt vor ihr davon, versteht ihr? In langen, schnellen Zügen. Wenn ihr zu langsam seid, rollt die Welle unter euch durch." Wir rudern wie die Idioten mit den Armen durch den Sand. „Nun kommt der schwierigste Teil, das Aufspringen. Ihr stützt die Hände auf das Brett und richtet den

Oberkörper auf. Und dann in einer flinken Bewegung beide Füße aufstellen!" Cecília zeigt uns die Position für unsere Füße. „Jetzt alles im Fluss: Stellt euch hinter euer Brett, wenn ich ‚Los!' sage, legt ihr euch hin und paddelt, als wäre ein Kreuzfahrtschiff hinter euch her. Dann springt ihr auf und steht. Und dann macht ihr das noch fünfzehnmal."

Ich liege auf dem Surfbrett und paddle raus. Wir haben alles – liegen, paddeln, aufspringen – auch noch im flachen Weißwasser trainiert, wo die gebrochenen Wellen an den Strand spülen. Ich hab gespürt, wenn die Schaumwalze unter mir durchgerollt ist. Zu langsam gepaddelt, abgedreht, zurückgewandert durch das knietiefe Wasser, kein Schritt ohne Gegenwehr der Strömung. Rauf aufs Brett und ein neuer Versuch. „Rema! Rema! Rema!" (Paddle!), rief Cecília von irgendwo hinter mir, und dann hat die Welle das Brett gegriffen. Ganz plötzlich war ich schneller, als ich paddeln konnte, ich hab „Nossa!" geschrien und mich zum Ufer tragen lassen. Beim elften Versuch habe ich gestanden.

Jetzt liege ich auf dem Surfbrett und paddle raus. Cecília schwimmt neben mir. „Es werden ein paar hohe Wellen kommen, da müssen wir durchtauchen. Du stichst mit dem Brett in die Welle, Oberkörper hoch und die Arme strecken. Sonst haut dir das Brett ins Gesicht, entendeu?" Hab ich das richtig übersetzt, Brett ins Gesicht? Eine Welle kommt auf uns zu. Meu Deus, ist die groß. „Segura!" (Sichern!), höre ich Cecília noch schreien, bevor mir eine Tankerladung Wasser ins Gesicht drischt und die Welle versucht, das Brett um mich herumzuknoten. Mit einer Wucht, gegen die ich nichts aufzubieten habe. Aber ich bin noch oben. Mir tut alles weh, Stirn, Wangen, Hals, sogar die Haare. Durch den Schleier aus Wassertropfen vor meinen Augen sehe ich etwas Großes, Grünes. „Segura!" schreit Cecília.

„Der Seegang ist heute zu stark für dich", ruft Cecília, „wir kehren um! Die nächste Welle da nimmst du, ja? Die ist nicht so schlimm. Schnell, dreh um." Ich richte das Board zum Ufer und robbe mit letzter Kraft hinauf. Nicht nach hinten schauen, ich will das nicht sehen. „Rema! Fouk, rema!" Ich paddle wie eine Besengte, bis die Welle das Brett hochdrückt und mitnimmt. Sie nimmt mich mit! Ich werd irre! Seit ich mit achtzehn Papas Auto auf 210 km/h hochgeprügelt hab, hatte ich nie wieder einen solchen Geschwindigkeitsrausch. Was für Gewalten! Und was mach ich hier! Und warum neigt sich die Nase des Bretts immer weiter nach unten zum Wasser?

Krrrrrrrrrrrrusch macht die Welle mit mir und dem Surfboard, wir schlagen in der Luft ein Rad und tauchen dann in die Fluten ein, diesmal mit verteilten Rollen, ich bin *unter* dem Board. Während ich zweimal um mich selbst gerollt werde, versuche ich mir beide Arme schützend um den Kopf zu halten, da ich von allen Seiten das Surfboard zurückerwarte, das mir an einem Seil um den Fuß geschnallt ist. Es ruckt am Fuß, ich tauche auf.

„Ótimo! (Perfekt)" ruft Cecília, die gerade vorbeischwimmt, lachend.

Ich bin ein Wrack. „Du bist tapfer, Fouk", sagt Cecília, als ich mir an der Theke einen Açaí[5] bestelle, die traditionelle Surfer-Mahlzeit. „Ich gebe am Donnerstag wieder eine Stunde", sagt Cecília. „Valeu", sage ich, abgemacht.

„Tarso? Oi, tudo bem? Hier ist Frauke. Hör zu, ich muss heute Abend absagen. Ich kann mich nicht mehr bewegen!", brülle ich ins Handy und hoffe, den Motor des Busses zu übertönen. „Herrje. Bist du krank?", fragt Tarso. „Nein, ich hatte meine erste Surfstunde. Ich schaffe es maximal noch vom Bus bis in die Wohnung." „Tá bom. Ruh dich schön aus. A gente se fala." (Wir sprechen uns.) Mein Kopf fällt zurück an die Fensterscheibe.

Vier Monate Rio de Janeiro. Bin ich hier angekommen? Wenn ich es daran messen will, wie selten meine Gedanken nach

Deutschland wandern: ja. Ich liebe meine Wohnung, die immer warm ist, liebe es, barfuß auf dem Holzparkett zu laufen. Jeden Tag präsentiert mir die Fensterfront einen neuen Blick auf die Stadt. Mal blau und klar, dann voll Wolken, die über den Bergen hängen und sich auf die Stadt entladen. Ich könnte mühelos einen verregneten Tag auf dem Bett verbringen und nichts anderes als das Wetter betrachten.

Die Wohnung mag ich auch, weil sie so einfach ist. Ich koche auf einem alten Gasherd, über dem Spülbecken aus Stein, dessen Abfluss permanent verstopft, zudem Heimstatt von etwa hundert Zwergameisen ist, geht ein Fensterchen zur Waschküche nebenan. Diese hat ein großes Schiebefenster in den Innenhof. Von hier kann ich in die Waschküchen meiner Nachbarschaft schauen, neben mir, über mir, unter mir – überall hängt Wäsche, stehen Besen und Eimer herum, machen Kinder am Tisch Hausaufgaben. Alles so dicht beieinander, dass ich immer versucht bin, wenn im fünften Stock jemand niest, von meinem elften aus „Saúde!" (Gesundheit!) zu rufen.

Und dann versuche ich manchmal mir vorzustellen, dass dreißig Meter weiter, jenseits des Hinterhauses, die Baracken stehen. Wo Familien in zwei Zimmern ohne Kanalisation leben. Heute Nachmittag war ich wieder mit João unterwegs. Eine NGO[6] hat der Redaktion berichtet, in Ipanema hätten sich bettelnde Kinder unter der Strandpromenade eine Wohnstatt eingerichtet. Unterirdisch. Wir haben also den Tag bei mir um die Ecke verbracht.

Wir sind auf der Suche nach denjenigen, die man versucht zu übersehen. Zehnjährige in schmutzigen Shorts, mit verlausten Haaren, die vor der Bankfiliale auf dem Boden sitzen, vor dem Supermarkt am Ausgang stehen, immer die Hand auf für einen Real. Es sind zwei, drei, an denen ich vorbeigehe, auf dem Weg zur Arbeit. Zu viele, um jeden Tag jedem einen Real zu geben. Also entscheidet der Zufall. Wie viel Kleingeld habe ich in der Tasche? Wie sehr bin ich gerade in Eile, in Gedanken?

Stehen alle Koordinaten günstig, gebe ich und gehe rasch weiter, denn sonst müsste ich darüber nachdenken, dass mich ein Kind angebettelt hat. Wie oft am Tag fragt es sich wohl, warum es ihm so elend ergeht, wo doch drumherum alle mit drei Einkaufstüten unterwegs sind?

„Aí, Mané, tudo bem?", fragt João einen auf der Treppe zum Bankfoyer. „Schläfst du hier nachts?" Der Junge schaut uns erstaunt an. „Mal hier, mal da", sagt er, „wo meine Freunde auch schlafen." Ein Freund steht auf und kommt dazu. „Kennt ihr die Kinder, die unter dem Strand wohnen?" Die beiden schauen sich an. „Wir kennen alle hier auf der Straße. Kommt mit!"

„Da gehen wir nicht rein", sagt João, als wir vor der kleinen Lücke im Beton stehen. Von der Strandpromenade aus ist sie gar nicht zu sehen, aber wenn man den halben Meter in den Sand runterspringt, entdeckt man unterhalb des Fußwegs die kleine Öffnung. Die Jungs behaupten, das sei der Eingang zur Behausung der Strandkinder. „Soll ich reingehen?", fragt der Kleinere, Pedro heißt er. „Nein", sagt João. „Wer weiß, was da unten drin ist. Und ob du wieder rauskommst. Wenn die Kinder nicht hier sind, finden wir sie vielleicht woanders." Wir gehen mit Pedro und seinem Freund zurück zur Hauptstraße und erfahren, dass Pedro im Complexo do Alemão geboren ist, einer riesigen Favela im Norden der Stadt. Papa gab's keinen, Mama hat für fünf Kinder Essen rangeschafft. Dann hat Pedro seine Versorgung selbst in die Hand genommen. Manche seiner Freunde hier gehen abends nach Hause, auf den Morro do Cantagalo bei mir hinterm Haus. „Ich such mir dann was", sagt Pedro leichthin.

João und ich sind heute Nachmittag die kleine Attraktion der Straße. Immer wieder kommen von der Seite Kinder dazu, laufen ein Stück mit, flüstern, prusten und verschwinden.

Wir treffen den alten Gilberto mit den Hunden, der in einem schredderigen Handwagen nicht nur sein Hab und Gut, sondern auch drei kleine Welpen verstaut hat, auf die sich die Kinder stürzen. „Nicht so stürmisch", ruft Gilberto, und als er lacht, hat er noch einen Schneidezahn im Mund. „Amigo, hast du die Kinder gesehen, die in der Kanalisation unterm Strand wohnen?", fragt João. Gilberto überlegt, schüttelt dann den Kopf und greift João am Arm: „Aber hier, ein Hündchen für deine Kinder! Willst du eins kaufen?" João erzählt von seinem Sohn, einen Hund kann er nicht gebrauchen. Er legt dem Alten einen Arm um die Schulter. „Vai com Deus, Mané."

„Hier vor der Drogerie hab ich schon geschlafen, und da auch, am Eingang zur Wäscherei." Pedro zeigt uns sein Ipanema, Orte zum Schlafen, zum Betteln, aber auch zum Spielen. „Hast du gesehen, wie die Kinder mit den Hunden gealbert haben? Sie bewahren sich trotz ihrer Misere etwas Kindliches, Unbedarftes", sage ich und merke, dass ich die Kinder bewundere. „Ja, und weißt du, wie lange sie sich das bewahren? Bis ihnen das erste Mal jemand eine Tube Kleber in eine Tüte drückt." Das dürfte die nächste Station im Lebensweg des kleinen, liebenswerten Pedro sein. Klebstoff schnüffeln, um die Eintönigkeit der Armut zu ertragen. Als nächstes Koks, weil die Wirkung des Klebers nachlässt, aber Koks ist teuer. Wenn wir ihn dann wieder treffen, mit vierzehn, wird er nicht mehr den klaren Blick von heute haben. Wenn wir Glück haben, hat er gelernt, an Straßenkreuzungen für Geld zu jonglieren. Wenn wir Pech haben, hält er uns eine Knarre in die Seite. Oder sitzt schon das erste Mal im Knast, mit 25 Männern in einer Zelle ohne Fenster.

Weil ihm *jetzt* keiner hilft. Weil im reichen Ipanema so mancher einen Real für ihn übrig hat, aber niemand holt ihn aus dem Elend. Wir auch nicht.

„Kinder hausen im Abwassersystem unter der Promenade – das wäre eine Geschichte gewesen. Pedros Misere kriege ich im Globo nicht unter." João steuert den Supermarkt an, und ich ahne, dass er uns verabschieden will. „Von mir auch zehn Real", flüstere ich ihm zu, als er sich unauffällig von der Gruppe löst. „Und kauf Bananen." Die Kinder versprechen, Gilberto auch Bananen zu bringen, und beißen in die Schokoriegel.

Instinktiv habe ich mir mein Leben in Rio bei meinesgleichen eingerichtet. Ich komme aus der Ersten Welt, und obwohl Brasilien ein Schwellenland ist, obwohl so viele im Elend leben, im verdorrten Nordosten des Landes oder in den verkeimten Favelas der Städte, gibt es in Rio eine Erste Welt: die Zona Sul. Mit traumwandlerischer Sicherheit hab ich mich in ihren Nukleus gesetzt, Ipanema.

Ich kaufe in einem Supermarkt ein, der nichts dabei findet, sich „Zona Sul" zu nennen, weil es da nämlich das Sortiment für meinesgleichen gibt: Balsamico-Essig und Ruccola und Nutella. Die Verkäufer hinter den Theken tragen Häubchen und Mundschutz, damit sie die Ware nicht mit ihrem Atem beschmutzen. Schwachsinn, eine Filiale in der Zona Norte aufzumachen, wer soll sich den Einkauf dort leisten? Also nennt man das soziale Gefälle gleich beim Namen und den Supermarkt „Zona Sul". Ich finde das selbstverliebt und geschmacklos und kaufe dort dreimal die Woche ein. Was ist meine Rolle in dieser Stadt?

Anmerkungen zum Septembro

[1] Badelatschen bedeutet in Brasilien „Hawaianas", es gibt die Flip-Flops beinahe in jedem Eckladen. Sie sitzen gut, und nach einem Regenguss sind sie in zehn Minuten trocken. Das ist wichtig, denn ein Regenguss bedeutet in Rio de Janeiro, innerhalb von zehn Minuten fällt Wasser in der Füllmenge eines Stausees vom Himmel. Nach drei Minuten sind die Straßen überflutet, weitere zwei Minuten später stehen auch die Fußwege unter Wasser. Bei einem Regenguss in Rio trockene Füße zu behalten ist nicht möglich.

[2] 2007 wurde der Christus von Rio unter die Weltwunder der Neuzeit gewählt, und war da 76 Jahre alt. Das Monument ist kein Geschenk Frankreichs, wie oft behauptet wird, sondern der Brasilianer Heitor da Silva Costa erschuf die Art-déco-Skulptur. Um das Geld dafür aufzubringen, zogen die Cariocas mit Bettlaken durch die Straßen, auf welche die Bewohner der Häuser ihre Münzen schmissen. Gebaut wurde der Cristo aus Stahlbeton und mit Mosaiken aus Speckstein überzogen. Mit 28 Metern Spannweite breitet er die Arme segnend über Rio aus. Touristen hilft er immer wieder, die Orientierung zu finden. Als Ausflugsziel ist er dringend zu empfehlen. Die Statue ist imposant und der Blick über Rio sicher eines der schönsten Panoramen der Welt.

[3] Der Clube dos Democráticos ist in der Samba-Szene eine Instanz. Ein großer Ballsaal mit Stuck und Balkonen zur Straße, mit großer Bühne für die Band, davor ein Tanzboden aus Parkett.

[4] Sehr stolz sind die Brasilianer darauf, wie sehr sich in ihrem Land die ethnischen Wurzeln mischen. In den Straßen Rios ist die dominierende Hautfarbe allerdings abhängig vom Stadtteil. In der Zona Sul oft hellhäutig, mitteleuropäisch verwurzelt oder auch sowohl afrikanischer als auch europäischer Abstammung, also mulattig. Schwarze trifft man hier eher als Dienstleister, denn als Anwohner. In der Zona Norte ist die dunkelhäutige Abstammung deutlich in der Mehrheit. In der Favela leben fast nur Schwarze.

[5] Aus der Fruchtbeere einer Palmenart wird dieser tiefrote Brei gepresst, mit Wasser gemischt, bis er sämig ist, mit Eis gekühlt, und zwar derart eisgekühlt, dass ich nach drei Zügen aus dem Strohhalm immer Kopfschmerzen bekomme. Wegen seines Reichtums an Vitaminen ist Açaí besonders unter Sportlern beliebt.

[6] NGO: Nichtregierungsorganisation, also ein Sozialprojekt o. Ä.

Outubro

„BOA TARDE", BEGRÜSST MICH RUSSO, mein lokaler Sonnen-
schirmverleiher. Mit Frau, Tochter und zwei Kollegen, allesamt
schwarz, verbringt er den Strandtag auf seinen etwa dreitausend Quadratmetern Bewirtschaftungsfläche, gekennzeichnet
dadurch, dass auf diesem Stück Strand alle Sonnenschirme und
Liegestühle quittegelb sind und man auf jeden mit schwarzer
Farbe „RUSSO" gepinselt hat. Auf dem Weg von der Küstenstraße zum Wasser passiere ich sein Lager: Unter einer weißen Zeltplane hat er etliche Sonnenschirme und Liegestühle
verstaut, sowie zwei große Styroportruhen, eine mit eisgekühlten Getränkedosen, die andere mit eisgekühlten Kokosnüssen
gefüllt.

„Oi, tudo bem", sage ich zu Russo und bestelle einen Sonnenschirm. Er folgt mir zu dem Platz, den ich für mein Son-
nenbad ausgesucht habe. Schön nah am Wasser, da ist der
Sand nicht so heiß, und das Meer rauscht zumindest genauso laut wie die Cariocas um mich herum quatschen. Russo
bohrt mit dem Stiel des Schirms ein Loch in den Sand. „Wie
heißt du noch mal?", fragt er, schon wieder im Gehen. „Frauke", sage ich und wüsste zu gern, was er in seiner Überblicks-
tabelle als meinen Namen notieren wird. (Mit dem Türsteher
am Semente, der die Getränkekarten mit Namen beschriftet,
hab ich mich jetzt auf „Fok" geeinigt.) Eine gewisse Buchfüh-
rung ist an Sonntagen von Vorteil, denn vor, hinter und neben
mir liegen unter weiteren RUSSO-Sonnenschirmen und auf
RUSSO-Liegestühlen bestimmt hundert Leute. An richtig heißen Sonntagen finden die über dem Strand kreisenden Tau-
ben kein freies Stück zur Landung. „Wenn du was brauchst,
sag Bescheid", ruft mir Russo noch zu und macht den Rück-

weg im Zickzack über seine Bewirtschaftungsfläche, um sicherzustellen, dass alle noch genug Getränke haben und ihm kein Geschäft an die fliegenden Händler verloren geht. Dreitausend Quadratmeter – das sind hundert Meter längs (Strecke von der Promenade bis zum Wasser) mal dreißig Meter quer (Abstand zum jeweils seitlichen Konkurrenz-Dienstleistungsanbieter, in diesem Fall „MIO" links mit tomatenroten Sonnenschirmen und „JANICE" rechts mit weißen). Gemeinsam mit Mio betreibt Russo hinten an der Promenade auch noch einen Generator, der permanent Regenwasser in eine Dusche pumpt, die mitten im Sand installiert ist. Schon an meinem ersten Strandtag wusste ich: Bei Russo wird es mir an nichts fehlen.

Während ich auf der Straße unter all den hellen Cariocas in Ipanema inzwischen so unauffällig rüberkomme, dass man mich schon nach dem Weg fragt, bin ich am Strand zu jeder Zeit als Nicht-Carioca identifizierbar.

a) Ich versuche zu lesen oder zu schlafen.

b) Ich bürste mir weniger als viermal stündlich die Haare.

c) Ich trage einen Bikini, der gewisse Körperteile auch tatsächlich abdeckt.

d) Ich zeige kein Interesse an der Kollektion des fliegenden Bikini-Händlers, der an einem Sonnenschirm etwa achtzig Exemplare angebunden hat und diesen – unsicheren Schrittes, da ihm die Sicht versperrt ist – durch den Sand schleppt. Alle fünf Meter hält er inne, hebt den Schirm so weit an, dass er unter den Bikinis her die nächstliegende Frau anpeilen kann, und wankt dann weiter in diese Richtung.

e) Ich zeige kein Interesse an der Kollektion des fliegenden Tattoo-Studio-Bewerbers, der einen Aktenordner, in dem die fünfzehntausend gängigsten Motive abgebildet sind, durch den Sand schleppt und die nächstliegende Frau zu einem Beratungsgespräch animiert.

Cariocas verhalten sich anders am Strand. Sie geben sich viel Mühe, bei ihren Unterredungen am Telefon oder mit der Begleitung das lästige Meeresrauschen zu übertönen. Sie lesen selten und schlafen nie. Cariocas kommen überhaupt nicht an den Strand, um sich in der mir vertrauten Weise zu entspannen, sondern fürs Happening. Das Happening umfasst

a) das Pflegen bestehender Sozialkontakte. In Gruppen, stehend, die Arme verschränkt, den Bauch eingezogen, plaudert man über Bekannte, fachsimpelt über Fußball, stöhnt über die Hitze oder das versnobte São Paulo;

b) das Erschließen neuer Sozialkontakte. In Gruppen, stehend, die Arme verschränkt, den Bauch eingezogen, fingiert man lustlos eine Unterhaltung über Fußball, die Hitze oder das versnobte São Paulo, scannt dabei jedoch konzentriert das Umfeld in einem Winkel von ca. 240 Grad (mit dem Rücken zum Wasser), auf der Suche nach attraktiven Männern bzw. Frauen, die man grundlos ansprechen bzw. von denen man sich grundlos ansprechen lassen könnte;

c) den Einkauf. Außer Versicherungspolicen und Särgen wird nahezu alles am Strand feilgeboten. Es gibt fliegende Händler für Kekse, Chips, eisgekühlte Softdrinks, eisgekühlten Mate-Tee, eisgekühlten Açaí, Speiseeis, Ananas-Schnitze, Melonen-Schnitze, belegte Brote, gegrillte Garnelenspieße, gegrillte Käsespieße (vor Ort mit portablem Öfchen zubereitet), Sonnenschutzmilch, Sonnenbrillen, Lederarmbänder, Ohrringe, Batiktücher, Hängematten, Brasilienflaggen als Strandtuch, Brasilienflaggen als Sporttasche, Fußball oder Schlüsselanhänger. Man kann sagen, der Markt ist spezialisiert.

Der Markt ist außerdem sieben Kilometer lang (X). Bei einer geschätzten Zahl von hundertfünfzig Händlern für alles Mögliche (Y) und einer geschätzten Gehgeschwindigkeit von dreißig Metern pro Minute (Z), erhält man als Ergebnis der Rechnung X : Y : Z, dass alle anderthalb Minuten ein Händler vorbeikommt. Das entspricht auch meiner Wahrnehmung.

Während die Schmuckverkäufer eine hippiesk-entspannte Verkaufsstrategie verfolgen, machen die Essens- und Getränkeverkäufer permanent auf sich aufmerksam. Dabei entscheidet nicht nur die Lautstärke über wirtschaftlichen Erfolg, sondern auch die Kreativität in Betonung und Sprachmelodie. Mein Lieblings-Acaí-Händler (gespr. A-ßa-i) zum Beispiel formt mit den Händen ein Megafon und trötet in einem vollen Bass über den Strand: „Aaaaaaaaçaí! Açaíaçaíaçaí! Aaaaaaaaçaí! Açaíaçaíaçaí!"

Der Typ, der auf seinem Kopf eine autoreifengroße Bastschale mit fünfzehn ganzen Abacaxi (Ananas, gespr. A-ba-kaschi) balanciert, singt als Erkennungsmerkmal: „Aaaaaaaabacaxiiiiiiii! Aaaaaaaabacaxiiiiiiii!", wobei seine Stimme auf der Tonleiter vom tiefen f elegant zum eingestrichenen c schmiert und wieder zurück.

Die Cariocas kaufen viel mehr am Strand als die Touristen. Der freundliche Umgang miteinander sowie der Respekt vor anderer Leute Bemühen, Geld zu verdienen, gebieten es, dass man niemals genervt reagiert, sondern „Obgrigado, moço" sagt (Danke, Junge), flankiert von der wichtigsten Geste ganz Brasiliens: Daumen hoch.

Die Geste „Daumen hoch" benutzt der Brasilianer in etwa dreißigmal am Tag. Sie kann „Danke" heißen oder „Bitte, gerne", „Hat geklappt", „Abgemacht" oder „Kein Problem, es geht schon", immer jedoch sagt sie im Subtext: „Ich bin dir zugetan." Sie kommt so dermaßen uncool daher, diese Geste, dass sie in Deutschland in den Achtzigerjahren ausgestorben ist.

Darum muss man sich als Deutsche einarbeiten, wenn man sich diese brasilianische Gepflogenheit draufschaffen möchte. Man beginnt bei dem Autofahrer, der einen über die Straße gehen lässt. Lächeln und Daumen hoch. Man setzt die Übung fort bei dem Dosensammler, der für ein geringes Entgelt Getränkedosen zur Verwertung bringt, die er zuvor in der Stadt eingesammelt hat. Man gibt ihm die leere Dose, lächelt und:

Daumen hoch. Nach einer Woche Training stellt man fest, dass „Daumen hoch" eine wahnsinnig einfache und eindeutige Art ist, nett zu sein. Nach zwei Wochen beginnt es Spaß zu machen, nach vier Wochen kann man sich ein Leben ohne seinen rechten Daumen nicht mehr vorstellen, und nach fünf Monaten ist man bei dreißigmal am Tag wie die Cariocas.

Was heißt überhaupt „wie die Cariocas"? Letzte Woche unterhielt ich mich mit zwei Kollegen aus der Kulturredaktion über die besten Samba-Bühnen der Stadt, und plötzlich meinte der eine, Anselmo: „Você já é carioca, né, Frauk?" (Du bist schon carioca, nicht wahr?) Dieser Ausspruch lässt sich auf zwei Ebenen ethnologisch betrachten. Zum einen sagt er etwas aus über das Verhältnis der Cariocas zu ihrer Stadt, sie sind nämlich unglaublich stolz darauf. „Cidade maravilhosa" (wunderbare Stadt) nennen die Cariocas ihr Rio. Dementsprechend toll ist es, in ihren Augen carioca zu sein, eine Auszeichnung.

Eine derart zur Schau gestellte Heimatverbundenheit liegt dem Deutschen, zumal dem Berliner, nicht. Man liebt seine Stadt, aber nicht „weil ...", sondern „obwohl ...", man nörgelt lieber an ihr herum, statt mit ihr anzugeben. Der Carioca hingegen gibt an.

Diese durchaus ermüdende Schwärmerei paart er nun jedoch mit einer uneingeschränkten Bereitschaft zur Eingemeindung. Gerade mal fünf Monate bin ich hier, und der Erste sagt „Você já é carioca". Und meint es ernst. Denn wo man herkommt, was man macht, wie lange man schon da ist, spielt keine Rolle. Um carioca zu werden, genügt es, sich zu öffnen, gegenüber dieser Stadt, gegenüber ihrem Habitus, ihrem Rhythmus. Und dann mitzumachen. Wer in Rio mitmacht, ist carioca.

Der Patriotismus ist dem Fremden zugewandt, einzige Bedingung: die jederzeit abrufbare Bereitschaft, sich für Rio zu begeistern. Ein Carioca fragt nicht: „Und, was denkst du so über Rio?" Der Carioca fragt „Gefällt dir Rio?" Und ein „É uma maravilha" (Sie ist wundervoll) ist das Mindeste. Damit haben wir einen weiteren Fallstrick im sozialen Miteinander lokalisiert, dem ich prompt zum Opfer fiel. Fassen wir es unter den Oberbegriff Bewertungsmaßstäbe:

Als ich zum ersten Mal mit Anselmo, der in Botafogo wohnt, nach Hause fuhr, schaute er mir, als ich an der U-Bahn aus seinem Auto stieg, in die Augen und sagte: „Boa noite, Frauk. Que boa conversa. Adoro você." Er war noch nicht um die Ecke gebogen, da blätterte ich schon in meinem Mini-Dicionário und fand den Eintrag „adorar – anbeten". Huch, also dann hatte er was noch mal gesagt? „Gute Nacht, Frauke, was für ein schönes Gespräch. Ich bete dich an." Nossa.

Kurz danach traf ich meine Kollegin Lúcia zufällig am Strand, wir plauderten nett, und später am Abend schickte sie eine SMS: „Foi um prazer enorme conversar contigo. Tô louca pra repetir!" (Unsere Unterredung war mir ein enormer Genuss. Ich bin verrückt danach, sie zu wiederholen.) Nossa!

Erst mit der Zeit gewann ich mehr und mehr den Eindruck, dass der Ausreißer hier Standard ist. Alles andere wird in Brasilien schlicht nicht wahrgenommen.

Für das Verständnis von Aussagen (A), die durch Cariocas getätigt werden, gilt es daher, die zunächst erfolgte wörtliche Übersetzung (Ü) einzudampfen, um zur Bedeutung (B) zu gelangen. Drei Beispiele:

A: Tô morrendo de fome.
Ü: Ich sterbe vor Hunger.
B: Ich könnte demnächst was essen.

A: Chorei de felicidade por sua carta.
Ü: Ich weinte vor Freude über deinen Brief.
B: Dein Brief ist angekommen.

A: Faço questão de você me visitar em casa.
Ü: Ich bestehe darauf, dass du mich zuhause besuchst.
B: Wenn du irgendwie mal in der Gegend bist, klingel ruhig.

Allein aufgrund der schlichten Menge derjenigen, die, als sie mich gerade kennengelernt hatten, auch schon bereit waren für mich zu sterben, fragte ich mich in einer ruhigen Minute, ob es plausibel ist, dass sich innerhalb weniger Wochen fünf Brasilianer in mich verlieben, davon zwei Frauen?

Nun. Seitdem schalte ich bei allem, was man zu mir sagt, gedanklich zwei Gänge runter, und bei allem, was ich zu sagen gedenke, einen Gang hoch. Mehr geht nicht. Ich bin Deutsche. Man kann nicht von mir verlangen, dass ich zu Leuten, die ich vor zwei Tagen das letzte Mal gesehen habe, sage: „Meu Deus, ich bin vor Sehnsucht nach euch gestorben seit vorgestern."

In dieser oben beschriebenen, speziellen Umgangsart des Brasilianers ist der Carioca nochmals ein Spezialfall. Ihm wird – besonders von Paulistas – eine so starke Neigung zum Wortemachen unterstellt, dass auf Bedeutung zuweilen ganz verzichtet wird.

Mein Freund João hat Frau und Kind und nicht viel Zeit. Nachdem am Freitagabend mal wieder ein Treffen platzte, meinte er: „Lass es uns am Montag probieren." Am Montag verschwand er abends aus der Redaktion, ohne ein weiteres Wort über die Verabredung zu verlieren, für die ich mir den Abend freigehalten hatte. Am nächsten Tag entspannte sich folgende interkulturelle Debatte.

Ich: Es war doof, dass du gestern nicht Bescheid gesagt hast.

João: Warum? Wir hatten nichts abgemacht.

Ich: Doch, wir hatten abgemacht, es am Montag zu probieren. Das bedeutet doch was.

João: Nein, das bedeutet nichts.

Ich: Klar bedeutet das nicht unbedingt, dass wir uns wirklich treffen. Aber ich hatte erwartet, dass du einfach kurz Bescheid sagst.

João: Es gab keinen Grund, das zu erwarten. Ich hatte nichts zugesagt.

Ich: Aber wenn du vorschlägst, dass wir uns Montag treffen, denkst du doch auch, dass wir das versuchen, und ich mir nichts anderes vornehme.

João: Nein, denke ich nicht.

Ich: Warum hast du dann überhaupt was gesagt? Wenn es eh nichts bedeutet.

João: Es bedeutet ja was. Es bedeutet die beiderseitige grundsätzliche Bereitschaft, sich am Montag zu treffen.

Ich: Wow. Eine Aussage von enormer Tragweite.

João: Das läuft hier alles mehr so fließend, entendeu. Du bist da zu streng irgendwie, zu unlocker. Du bist zu ... zu ...

Ich: Deutsch.

João: Genau! Du bist einfach zu deutsch!

Dann haben wir herzlich gelacht.

Mannomann. Als wäre ich nicht damit ausgelastet, die Aussagen meines Gegenübers zu verstehen, muss ich parallel dazu die Aussage auf ihre reale Bedeutung runterbrechen, um anschließend unter Betrachtung des Kontextes zu entscheiden, ob sie überhaupt eine Bedeutung hatte. Und das bei dreißig Grad.

Auch beim Flirten sind die interkulturellen Unterschiede beträchtlich. Denn inzwischen konnte ich in vielen verschiedenen Samba-Clubs Feldstudien betreiben und kam zu dem Ergebnis: Man kann dem aus meiner ersten Semente-Nacht bekannten Sechstklässler-Verhalten gar nicht ausweichen.

Als Kostprobe:

Freitags bei den Escravos de Mauá lerne ich Rodrigo kennen. Wir unterhalten uns angeregt, er hat am selben Tag seinen Internet-Percussion-Versand aufgegeben, mit dem er fünf Jahre versucht hat Geld zu verdienen, und ist davon noch ganz gerührt. Es ist interessant und witzig mit Rodrigo, als die Escravos gegen ein Uhr früh ihr letztes Lied spielen, wechseln wir nach Lapa, in den Circo Voador.

Wir tanzen ein Lied, dann vergräbt sich Rodrigo leidenschaftlich in meine linke Hals/Wangen-Partie. Ich brülle meinen Standardsatz, von dem ich nicht mal weiß, ob er grammatisch korrekt ist, aber er bringt die Sache sehr schön auf den Punkt.

Ich: Beijar não dá. (Küssen läuft nicht.)

Er: Não tem problema nenhum. (Kein Problem)

Wir tanzen das nächste Lied, und er legt wieder los.

Ich: Ich kann mich nur wiederholen: Küssen läuft nicht.

Er: Jetzt ernsthaft???

Ich: Ja, ich sagte das bereits.

Er: Ja gut, das heißt ja nichts. Man sagt immer erst mal nein, will aber doch.

Ich: Ich will aber nicht.

Er: Aber warum?

Ich: Ich habe, wie du weißt, einen Freund.

Er: Das ist doch kein Grund, nicht zu knutschen.

(So will mich Rodrigo nicht nur rumkriegen, sondern er gibt damit auch die in dieser Stadt vorherrschende Meinung wieder. Was soll man da entgegnen? Wir setzen uns auf die Empore mit Blick zur Tanzfläche, und wie immer hebe ich auch gegenüber Rodrigo dazu an, die kulturellen Hintergründe und daraus resultierenden Gepflogenheiten in Deutschland zu erläutern, während Rodrigo mir den Rücken massiert.)

Ich: Rodrigo, es ist wahnsinnig angenehm, wie du mir den Rücken massierst. Dennoch wird das Geschehen nicht den von dir geplanten Verlauf nehmen. Du musst mir das bitte glauben, wir werden nicht knutschen.

Er: Wie kannst du etwas so überzeugt ablehnen, bevor du es überhaupt ausprobiert hast?

Ich: Ich knutsche regelmäßig.

Er: Aber nur mit deinem deutschen Freund. Nicht mit Brasilianern.

Ich: Das ist richtig, scheint mir aber irrelevant.

Er: Du musst das ausprobieren, um es zu beurteilen.

(Hilfe! Warum hilft mir denn keiner?)

Ich: Und was hörst du sonst so für Musik?

Er: Nur drei Sekunden, wenigstens mal ausprobieren.

Ich: Nein.

Er: Nur drei Sekunden, und dann entscheidest du, ob du weitermachen willst oder nicht.

Ich: Rodrigo, ich *habe* das bereits entschieden. Ich weiß, dass sich in diesen drei Sekunden nichts Nennenswertes ändern wird. Es ist nichts Persönliches, ehrlich.

Der Verlauf der Debatte wird hier verkürzt dargestellt. Realiter nimmt sie fünfundzwanzig Minuten in Anspruch. Wir gehen wieder runter, tanzen noch ein Liedchen, dann verabschiedet sich Rodrigo freundlich, er müsse jetzt ins Bett. „A gente se vê", man sieht sich.

Ich fühle mich auch müde und ein bisschen enttäuscht, denn Rodrigo war wirklich nett, und ich hätte mich gern mit ihm angefreundet. Daran war er nicht interessiert. Ist das der Typ Carioca, vor dem man mich schon gewarnt hat, bevor ich in den Flieger stieg? „Sempre de bom humor, sabe. Canta, dança, mas o carioca é bem superficial." (Der Carioca ist immer gut drauf, singt, tanzt, aber er ist total oberflächlich.) Die Worte meiner Berliner Portugiesischlehrerin habe ich noch im Ohr. „Cuidado!", nimm dich in Acht.

„Mach deine Enttäuschung nicht anderen zum Vorwurf", warnt hingegen meine innere Stimme. Was habe ich mich gesorgt, wie ich die Monate allein überstehen sollte, in einer Stadt, in der ich niemanden kenne, bis endlich im November Ralf nachkommen würde? Und nun ist mein Alltag hier so leicht, voll Sonne und Musik.

Ich habe Menschen getroffen, die mich anrufen, die mich auf ihre Hochzeit einladen, zum Bier mit Freunden, die mir im Bus brasilianischen Fußball erklären und darüber ihre Haltestelle verpassen. Tarso kutschiert mich durch die Dschungellandschaft der Floresta da Tijuca oder schaut sich mit mir in der „Langen Nacht des experimentellen Kinos" bis sechs Uhr früh kranke Filme an. Otávio zeigt mir den nächtlichen Blick von Santa Teresa auf den Zuckerhut und dreht sich mit mir zur Musik, bis die Band die Instrumente einpackt. Thiago lädt mich zu sich nach Hause ein, und seine Frau macht Würstchen mit Kartoffelsalat, damit ich kein Heimweh bekomme.

Vor sechs Monaten kannte ich niemanden, nun verbringe ich kaum einen Abend zuhause. Mal verabredet, ebenso gern fahre ich allein nach Lapa. Ich höre mich nicht satt am Rhythmus des Surdo, am Spiel der Gitarre, an den filigranen Harmonien der Bossa Nova.[1] Wann immer ich in einer der Samba-Shows ein neues Lied entdeckt habe, gehe ich mit dem Namen zu „Toca do Vinícius", einem klitzekleinen CD-Laden in Ipanema, vollgestopft mit brasilianischer Musik. Sie haben alles, was ich suche. Und wenn ich den Namen nicht weiß, singe ich dem Besitzer-Ehepaar das Lied vor. Nach dreißig Sekunden singen sie mit und sagen dann so was wie: „Ahja, ich weiß, was du meinst. Das ist ‚O poder da criação' von João Nogueira. Warte mal, das haben wir hier ..." Einen Sonntag im Monat laden sie irgendeinen Musiker ein, der nach Sonnenuntergang auf dem Fußweg vor ihrem Laden spielt. Und so sieht dann mein Sonntag aus: Spaziergang an der Küste, Hippiemarkt, nachmittags ein Bad im Atlantik und ausgiebig in der Sonne Zeitung lesen, vom Strand zu Fuß rüber zum Laden, einen Platz suchen in der Menschentraube, die dem Spiel der Gitarre lauscht, zuhause rasch was essen, umziehen, und dann mit dem Bus ins Semente zum Tanz. Keine Ahnung, wie ich jemals wieder in der Lage sein soll, einen Sonntag anders zu verbringen als so.

Und dazu diese Wärme. Diese 28 Grad um zwei Uhr nachts, die sich anfühlen, als sei man in Watte gepackt. Ich erinnere mich an mein Gespräch mit Oscar Niemeyer, als er sagte, seine Bauten sollten wirken wie losgelöst. Genauso fühle ich mich manchmal hier. Losgelöst, leicht, als ließe mich Rio frei im Raum schweben.

Anmerkung zum Outubro

[1] Eine „Bossa Nova", eine „neue Art" die Gitarre zu spielen suchte der junge Musiker João Gilberto, wenn er sich mal wieder für Stunden im WG-Bad einschloss. Ihm und anderen Twens in Rios Zona Sul erschien die brasilianische Musik ihrer Zeit, der Fünfziger, antiquiert: Gesang mit Opern-Vibrato, die Texte lebensfern. Die Jugend traf sich in den Apartments der Eltern und hörte spannenderes – Jazz, stärkster Einfluss der Bossa Nova. Gilberto entschlackte Gitarrenspiel und Gesang von allem Manierierten. Er befreite den Rhythmus von dem brasilianischen Zwang, tanzbar zu sein, und spielte: leise. Die Revolution der brasilianischen Musik kam sanft, beinahe gehaucht, und mit dem Erscheinen des Albums „Chega de Saudade" 1959 war sie offiziell geboren. Feine Rhythmen, dissonante Harmonien. Unaufdringlich, weil sie der Jugend der Zona Sul kein Ausdruck von Protest war. Sie sprach von Liebe, Sehnsucht, Schönheit – von dem, was Jugend bewegt, die sich nichts erkämpfen muss. Die Eltern der jungen Nara Leão, bald die Stimme der Bossa Nova, sahen es gern, wenn man sich zum Musizieren in ihrem Wohnzimmer traf – 90 Quadratmeter mit Blick aufs Meer. Aus Zusammenarbeiten zwischen João Gilberto, Tom Jobim, Vinícius de Moraes, Roberto Menescal, Luiz Bonfá u. a. entstanden Anfang der Sechziger die bekanntesten Bossa Novas. Eine Revolution – musikalisch. Ein Auftritt in der New Yorker Carnegie Hall machte die Erschaffer der „Neuen Art" und ihre Lieder weltbekannt.

Novembro

ICH HAB AUFGERÄUMT. Blumen gekauft, gewischt, Früchte in meiner großen Schale auf den Boden gestellt – einen Tisch besitze ich auch nach fünf Monaten noch nicht. Im Kleiderschrank habe ich meine Sachen auf einer Seite zusammengeschoben, so dass die andere Seite frei ist. Für Ralfs Sachen.

Morgen früh, 6.10 Uhr, mit Air France über Paris aus Berlin. Was war noch mal Berlin? Ach ja, die Stadt, in der sich die letzten fünfzehn Jahre meines Lebens abgespielt haben.

Dann ist alles bereit für den Empfang in unserer ab morgen gemeinsamen Wohnung, mit deren Ordentlichkeit ich mein schlechtes Gewissen darüber zu unterdrücken versuche, dass in mir drin, nehmen wir mal die Regionen Bauch, Herz und Hirn, eine gewisse Unordnung herrscht. Keines dieser Gefühle vermag sich Bahn zu brechen, und auf den Grund gehen will ich ihnen schon gar nicht, nicht vor morgen früh, 6.10 Uhr.

Jetzt ist es 21.30 Uhr, und ich rufe Otávio an. „Alô." „Oi querido, é a Frauk. Tudo bem?" „Tudo, sim." „Olha só, im Circo Voador gibt es heute ‚Samba em quatro tempos'. Kommst du mit tanzen?"

Das letzte Mal schaue ich in *meiner* Wohnung aus dem Fenster auf die Stadt, drehe in *meiner* Wohnungstür den Schlüssel herum.

Wir drehen uns. Mal verhalten, dann wieder mit neuem Schwung. Auf der Bühne stehen sechs Musiker, davor lauter Kringel aus Paaren. Wir hören nicht auf zu tanzen, bis die Band für die nächsten Sambistas Platz macht. Umbaupause.

Ich mag den Blick von der Empore auf die vielen da unten. Wir plaudern über die Band, über das Portugiesische, über die

Arbeit, während sich dahinter andere Gedanken Raum in meinem Kopf nehmen.

Fünf Monate lang gab es Rio de Janeiro und mich. Rio, das mich warm empfing, mich einlud zu entdecken, woher die Stadt ihre Dynamik nimmt, ihren Rhythmus und diese beinahe unheimliche Anziehungskraft, die sie zum Sehnsuchtsort für so viele macht. Wie schnell waren mein Misstrauen, meine Angst vor dem Alleinesein einer fast ungebremsten Zuneigung gewichen, einer, die keine Distanz will, sondern die sich verzehrt nach dieser Lebensfreude, sich verzehrt danach, mitzutanzen.

Ich hab mir alles erlaubt – „Sieht mich ja keiner" –, und wenn es ein Ringelreihen am Strand war.

Und nun sieht mich einer, ab heute früh, 6.10 Uhr. Hierher kommt der tollste Mensch, den ich in meinem Leben je getroffen habe, aber er wird plötzlich auch ein Bewerter sein. Wird meine Wohnung, meine Freunde, mein Leben hier kennenlernen. Und was, wenn er es nicht toll findet? Was, wenn er nichts anzufangen weiß mit seiner Freundin, die plötzlich keinen Sonntag mehr ohne Samba verbringen will? Was, wenn ich keine Lust habe, etwas anderes als Portugiesisch zu sprechen?

„Erinnerst du dich noch, wie ich dir bei unserem Kennenlernen im Semente sagte, dass mein Freund aus Berlin bald nach Rio kommt?" „Ja", sagt Otávio, „wann kommt er denn?" Ich schaue auf die Uhr. „In fünf Stunden." „Das ist bald", sagt er, und wir müssen lachen. Dann nimmt er meine Hand. „Komm, tanzen."

„Soll ich dich nicht doch mit meinem Auto fahren? Nachts ist der Weg zum Flughafen gefährlich." Sieh an, vor sechs Monaten hatte ich das Thema „Flughafen, nachts" doch schon mal. „Por favor, Otávio. Du bist zu betrunken, um mich gegen Gangster zu verteidigen. Da nützt mir ein Taxista mehr."

Wir haben uns gedreht, bis die letzte Band ihr letztes Lied gespielt hat, jetzt ist es vier Uhr früh, Otávio winkt mir ein Taxi, das gerade einsam die Rua Mem de Sá herunterkommt. Warum müssen diese blöden Brasilianer einem immer alles abnehmen? Warum kann dieser blöde Brasilianer nicht einfach warten, bis *ich* mir *mein* Taxi heranwinke, nachdem ich diese Situation, die es in der Gesamtwertung sicherlich unter die fünf verworrensten meines Lebens schaffen wird, mit der nötigen Ruhe zu Ende gebracht hab?

„Hör zu, Otávio, wie dir schon aufgefallen sein wird, bin ich Deutsche. Das hat viele Nachteile, aber auch manchen Vorteil. Deutsche sind zum Beispiel der Meinung, dass Männer und Frauen gute Freunde sein können."

„Mach dir keine Gedanken. Es ist alles wie immer", sagt Otávio. „Você quer falar, eu quero beijar." (Du willst reden, ich will küssen.)

Der Taxista, um die fünfzig, hat beste Laune und die Wartezeit damit überbrückt, uns im Rückspiegel zu beobachten. „Musst du länger aus Rio wegfliegen? Ist dein Gepäck schon am Flughafen?" „Ääh, was, nein", antworte ich, noch dabei, meine Gedanken zu sortieren, während wir über die Stadtautobahn gleiten, durchs Fenster der Wind des nahenden Morgens. „Ich fliege gar nicht. Ich will meinen Freund vom Flughafen abholen. Der landet gleich." „Du willst deinen Freund ... Moment mal." Sogar von hinten erkenne ich, wie seine Augen blitzen. „Wenn dein Freund noch in der Luft ist, wer war der Typ da eben?" „Das war einer von euch Flirtweltmeistern aus Rio." „Aaah, verstehe." Knick knack, Sie wissen schon. „Nein, tust du nicht! Die Sache ist nämlich nicht so einfach zu erklären, entendeu." „Warte mal", unterbricht mich der Taxista. „Steig mal hier durch die Mitte nach vorn, dann können wir besser reden." Ich schmeiße meine Sandalen in den Fußraum vor dem Beifahrersitz und klettere über die Handbremse hinterher. „Viel besser", sagt der Taxista. „Aí, fala, meu amor. Tô morrendo de curiosidade." (Erzähl, meine Liebe, ich sterbe vor Neugier.)

„Verlier nicht den Deutschen, der ist gut für dich", gibt mir der Taxista zum Abschied mit auf den Weg. „Ich bin Carioca, und Rio ist die tollste Stadt der Welt. Aber das macht sie auch gefährlich. Ich meine jetzt nicht die Überfälle. Entendeu?" Er kramt nach dem Wechselgeld. „Ich verstehe, was du meinst. Und was denkst du, kann ich mit dem Carioca befreundet bleiben?", frage ich von draußen durch das Seitenfenster. „De jeito nenhum" (auf keinen Fall), ruft er, „tchau, meu bem. Vai com Deus!"

Gleich landet ein Flugzeug aus Buenos Aires, dann eins aus Lissabon. Nur von Paris steht nichts auf der Anzeige. Und ich bin müde. Warum ist der Flug aus Paris nicht angeschlagen? Warum habe ich mir nicht die Flugnummer notiert? Aber 6.10 Uhr stimmt doch? Ich werde das untersuchen, noch habe ich ja eine halbe Stunde Zeit. Erst mal kurz hinsetzen.

Als mein Telefon klingelt, ist es taghell. Neben mir wird der Mülleimer geleert. Ralf ist dran, er warte seit einer halben Stunde am Terminal. Himmelsackzement. Eingeschlafen. „An welchem Terminal denn? Dein Flug war gar nicht angezeigt!" Terminal 1, International, ein neuer Anbau am alten Flughafen. Lufthansa Flug LH 4809, wie Ralf mir per E-Mail schon vor Tagen mitgeteilt hat. „Du bist Lufthansa geflogen? Wie komme ich denn auf Air France?"

Ich haste durch die Ankunftshalle, an gefühlten achthundert Check-in-Schaltern vorbei zum Terminal 1. Als ob es jetzt noch drauf ankäme. Als ob eine Minute früher jetzt noch etwas daran ändern könnte, dass dieser Moment des Wiedersehens kaputt ist.

Da sehe ich Ralf an seinem Kofferkuli lehnen, höre seine Stimme und fühle seine Haut. Und bin wieder die Alte, für diesen Moment. Stehe wieder mit beiden Beinen in meinem geliebten Leben, das ich ohne Ralf nicht denken kann.

Wir frühstücken im Airport-Café, und ich rede. Von der Wohnung, von der Arbeit, vom Joggen am Strand. Ich rede und versuche jede Nano-Reaktion von Ralf einzufangen, in der Hoffnung, zu spüren, dass sich die Lage entspannt, dass der verpatzte Empfang als Dämlichkeit abgeheftet wird, und nicht als das, was er ist – Ausdruck dessen, dass ich für diesen Empfang nicht wirklich bereit war. Am Abend schläft Ralf so fest, dass er nicht mal von den Schüssen aufwacht, die hinterm Haus durch die Luft knallen. Morgen wollen wir einen Tisch kaufen.

Als der Türsummer geht, kann ich es kaum glauben: Vor mir windet sich eine Steintreppe einen steilen, dunklen Hügel hinauf, dreißig Meter über mir erkenne ich die Umrisse eines Hauses. Wie soll das gehen? Der Mann, der hier wohnt, ist querschnittsgelähmt.

Er heißt Marcelo Yuka, und als er zum letzten Mal in seinem Leben gerannt ist, steckten ihm neun Kugeln im Bauch. Banditen hatten in einer Seitenstraße gelauert, in die er gerade eingebogen war. „Ich sah einen Pick-up voller Jungs und die Waffen. Ich dachte noch: Umdrehen, sofort! Da haben sie schon geschossen."

Yuka sitzt in seinem Rollstuhl und spricht in mein Mikrofon, punktgenau. Er nimmt mich mit in die Nacht vor ein paar Jahren, in der sein altes Leben endete, in Tijuca, nicht weit von hier. Ich hab vergessen, wie wütend ich noch vor zehn Minuten war, als ein Blick auf die Uhr mir klarmachte, dass ich seit drei Stunden auf dem Balkon des Hauses auf mein Interview wartete. Seit *drei* Stunden. Eine Frechheit.

Zuerst war Yuka noch nicht da gewesen, nach einer Stunde berichtete seine Assistentin, er sei nun eingetroffen, jedoch sehr müde. Er müsse sich noch frischmachen. Ich verfluchte meinen Auftrag vom Deutschlandfunk und willigte ein. Um 23 Uhr wurde ich in Yukas Studio gerufen, inzwischen hasste ich meinen Job, hasste alle Brasilianer und verspürte den starken Drang, diesen Trottel im Rollstuhl seine dreißig Meter Steintreppe herunterzustoßen.

Nun sehe und höre ich, wie sehr Yuka sich anstrengt, mir all das zu schildern, was sich vor seinem geistigen Auge nochmals abspielt. Der Moment von damals, als er noch ein kräftiger Mann von 34 Jahren war. Wie er blutend aus dem Auto sprang und um sein Leben rannte, zum letzten Mal rannte. „Dung, dung, dung", macht Yuka mit dem Mund, „so schlugen die Kugeln ein." Kurz und hart.

Kurze, harte Schläge haben bis zu dieser Nacht sein Leben bestimmt. Marcelo Yuka war einer der berühmtesten Trommler Brasiliens. In einem Land, das so im Rhythmus lebt wie dieses, kann man am Schlagzeug ein Star werden. „Dung, dung, dung, ich habe jede einzelne Kugel gespürt. Und trotz der Panik hatte ich sogar noch Zeit zu denken, dass ich nie wieder trommeln werde."

Es passt nicht zu seinen klaren Worten, wie zusammengesackt er im Rollstuhl sitzt, im schwarzen T-Shirt, mit Bart und Basecap. Yuka komponiert jetzt, hat immer noch eine Band und hastet in diesen Tagen von einem Interview zum nächsten, als ginge es um eine neue CD. Es geht um mehr. „Es geht um die Zukunft unseres Landes", titelte der Globo neulich.

Am Sonntag werden 122 Millionen Brasilianer abstimmen über ein Verbot des Handels mit Schusswaffen. Im ersten Referendum der brasilianischen Geschichte entscheiden sie, ob sie sich selbst verbieten wollen, Pistolen, Gewehre oder auch nur Munition zu kaufen. SIM ou NÃO? Ja oder nein? Sim, Yuka will. Darum hab ich ihn in Politshows gesehen, er dreht Fernsehspots und beantwortet um Mitternacht meine Fragen, während draußen vor der Tür zwei Freunde und ein Krankenpfleger warten. Sie wollen noch ausgehen.

Neulich hat Tarso gesagt, er kenne niemanden, der NÃO stimmen will, gegen das neue Waffengesetz, das eines der schärfsten der Welt wäre. 38 000 Menschen, von Schüssen hingestreckt, begraben die Brasilianer jedes Jahr. Sie wollen, dass das aufhört. Aber der Weg dahin ist umstritten. Marisa möchte sich nicht für alle Zeit verbieten lassen, eine Waffe zu kaufen. Wer weiß, wie es in Rio in zehn Jahren zugeht?

Marcelo Yuka ist den Gegnern des Waffenverbots selbst das beste Beispiel: dafür, dass die Polizei keine Sicherheit bietet, was stimmt. Und dass der „cidadão de bem", der brave Bürger, sich den Banditen gleich ausliefern kann, wenn er nun noch auf die Möglichkeit verzichten will, sich selbst zu verteidigen.

Das sieht Yuka anders. „Die Banditen waren viele", sagt er, „und wer kann wirklich schießen? Du? Ich nicht. Ich hätte in Panik irgendwen getroffen." Yukas Körper ist kaputt. Seit dem Überfall hatte er keinen Moment ohne Schmerzen. Manche hier aus dem Viertel haben ihm angeboten, die Schuldigen für ihn umzubringen. Er ist nicht mal zur Polizei gegangen. „Wenn die verhaftet werden, gehen Leute los, die ihnen nahestehen, und bringen Leute um, die mir nahestehen. Und dann?"

Marcelos Worte haben Gewicht in diesen Tagen, mehr beinahe als die Statistiken: Wenn das Opfer eines Überfalls selbst eine Waffe zieht, erhöht sich sein Risiko zu sterben um das 180-Fache. Über die Hälfte der Waffen, die man in Rio beschlagnahmt, stammen aus dem Besitz unbescholtener Bürger. Deren Waffenbesitz ist die größte Quelle für Banditen.

Sim ou não – die Debatte läuft seit Wochen, täglich lese ich darüber, sehe Fernsehspots und verfolge, wie die anfangs riesige Unterstützung für die Gesetzesinitiative bröckelt. Von knapp achtzig Prozent auf sechzig, auf fünfundvierzig, je näher der Tag der Entscheidung rückt. Ich erzähle Yuka von meinem Besuch im Hauptquartier des „Bündnis für Brasilien ohne Waffen". Von dort wird die Kampagne gesteuert, wird versucht 122 Millionen wahlberechtigte Brasilianer zu erreichen, auch die, die mitten im Dschungel wohnen, auch die, die nicht schreiben können und nicht lesen. Man kann im Hauptquartier seine Schusswaffe abgeben und zuschauen, wie der Lauf krummgeschlagen wird. „Ich fühle mich befreit", hat mir einer gesagt, der gerade dem Ende seiner Kleinkaliber beigewohnt hatte.

Yuka macht sich Sorgen, dass am Ende seine Landsleute der Mut verlässt. Laut Umfragen kommt der größte Widerstand gegen das Waffengesetz aus der männlichen Mittel- und Oberschicht. Frauen aus der Unterschicht sind die größten Unterstützer. Mütter, die keine Söhne mehr begraben wollen.

Yuka weiß, wie es sich anfühlt, wenn das Leben nichts wert ist. „Weil ich so viele Schusswunden hatte, dachten die Ärzte damals, ich käme aus einer Bandenschießerei. Sie hielten mich für einen Gangster." Yuka lag nicht im Koma, er erinnert sich an jede Minute, die er im Röntgenzimmer vor sich hinblutete, unfähig zu sprechen. An der Tür zum Flur stritt der Röntgenassistent leise mit dem Arzt: Warum den halbtoten Banditen nicht einfach liegen lassen? Warum ihn zusammenflicken, wenn er danach doch nur weiter tötet? Er hört noch heute die Stimme des Arztes, der seinen Assistenten anfuhr, er solle den Mund halten und den Typen endlich röntgen.

Die beiden Freunde und der Pfleger tragen Marcelo die Treppe hinunter zum Auto. Wie ein Sack hängt Yuka zwischen ihnen, seine Augen starren nach vorn. „Hier war übrigens der Überfall", sagt er, da sind wir noch keine fünfhundert Meter gefahren.

Im „Estrela da Lapa" sagt die Frau an der Kasse: „Oi, Marcelo, toll dich zu sehen. Ihr geht auf Rechnung des Hauses." Der Sänger der Band auf der Bühne erkennt sofort den Rollstuhlfahrer, für den das Publikum eine Schneise bildet. „Leute, Marcelo Yuka ist zu Gast! Marcelinho, schön, dass du da bist." Das Publikum johlt, Yuka lächelt. „Ich habe frohe Momente", hat er vorhin gesagt, „Glück ist was anderes."

Heute ist *der* Sonntag. Vor dem Kindergarten bei uns ums Eck standen die Leute Schlange, um ihre Stimme abzugeben. Die Stimmabgabe ist Pflicht, wie bei allen Wahlen in Brasilien. Am Abend hocken Ralf und ich vor dem Fernseher. Über dreiunddreißig Millionen Menschen haben SIM gewählt. Fast sechzig Millionen sagten NÃO. Man schaltet live zum Bündnis für Brasilien ohne Waffen. Die Frau, die mir letzte Woche ein Interview gegeben hat, weint.[1]

Neulich kam ich mit meiner Kollegin Lúcia auf meinen nahenden Geburtstag zu sprechen. Wie es in Rio üblich ist, will ich mein soziales Umfeld zum Bate Papo (geselliger Abend) in eine Bar rufen. Einladen lässt man sich von einem Geburtstagskind nicht. Es wirkt zwar etwas schnöde, wenn am Ende des Abends die Rechnung auseinandergepflückt wird, aber so wird es nicht zu einer Frage des Geldes, ob man sich eine Geburtstagsfeier leistet. Doch habe ich mir heimlich vorgenommen, wenigstens die unvermeidbaren fünf Portionen „Bolinho de Bacalhau" (püriertes Stockfischbällchen, ein nach meinem Dafürhalten ungenießbarer Traditions-Snack) zu bezahlen, ohne die ein Bate Papo mit Cariocas undenkbar ist.

Viele Clubs bieten Preisnachlass für Geburtstagskinder und ihre Gäste. Darum stand schon fest, dass Ralf und ich am Tag selbst ins „Porção" gehen, den Luxus-Grill von Raquels Hochzeitsfeier, dort isst ein Geburtstagskind gratis, und ich esse neuerdings Fleisch.

Geburtstagsgesellschaften erkennt man daran, dass sich am späteren Abend alle Kellner um den Tisch gruppieren und mit der Feiergesellschaft ein schmissiges Ständchen bringen. Die Leute an den anderen Tischen fallen ein, und am Schluss jubelt der ganze Laden. Sitzt man in einer größeren Lokalität, so kann die eigene Unterhaltung durch das ständige Ständchensingen etwas ins Stocken geraten. Als ich nun mit Lúcia über meinen Geburtstag sprach, erhielt ich folgende Instruktionen:

„Olha só, du musst eine Woche vorher zum ersten Mal alle einladen. Niemand wird antworten, denn man weiß ja noch gar nicht, was eine Woche später so ansteht und ob nicht noch eine bessere Einladung reinkommt als deine. Nach drei Tagen lädst du erneut ein, dann kriegst du die ersten Absagen der Leute, die sich schon gegen deinen Geburtstag entschieden haben. Natürlich werden sie dir nicht schreiben, dass sie nicht kommen, das ist für einen Carioca viel zu konkret. Aber wenn Ausdrücke wie ‚é dificil‘ (das ist schwierig) oder ‚pode ser‘ (schon möglich) in ihrer Antwort auftauchen, kannst du sie direkt abhaken. Außerdem, wenn sie sich nicht schon sicher wären, dass sie nicht kommen wollen, hätten sie noch gar nicht geantwortet. Am Tag vorher lädst du noch mal ein, denn inzwischen haben alle wieder vergessen, dass du Geburtstag hast. Wer dann kommt, kommt aber wirklich, weil er Lust dazu hat. Das ist das Schöne daran, entendeu.“

Noch während Lúcia sprach, beschloss ich, genau einmal, drei Tage vor der Feier, per Rundmail alle einzuladen – pronto. Otávio schrieb zurück, er käme gern, aber es würde schwierig.

Wir verlebten einen lustigen Abend mit vierzehn Leuten, von denen ich fünf nicht kannte und nach meinem Geburtstag nie wieder gesehen hab. Es ist mir gelungen, die ekligen Fischbuletten zu bezahlen, später gingen wir noch tanzen. Ich war um halb vier im Bett und sehr zufrieden. Lúcia konnte leider nicht kommen.

„Sehr schön! Ihr tanzt sehr schön und schon beinahe im Takt.“ Mit unerschütterlichem Wohlwollen begleitet Leandro unsere Schritte und Drehungen quer durch den Saal. Immer wieder löst er einen von uns aus den Armen des anderen und übernimmt dessen Rolle. Dann schwingt ein schwarz-weißes Paar über das Parkett, denn Leandros Haut ist so dunkel wie meine Haare.

Wir versuchen uns gerade daran, den Grundschritt zu unterbrechen, um eine Figur einzubauen, zum Beispiel die „Drehung der Dame". Ralf und ich lernen Samba.

Dieser Versuch ist zugleich ein Ergebnis, denn es gab in den vergangenen Tagen einiges zu besprechen. Zunächst mal ging ich nach Ralfs Ankunft *unter* dem Teppich, so sehr war mir bewusst, wie unterirdisch ich mich verhalten hatte. Dann ging es darum auszuprobieren, was die richtige Form für uns sein kann für unsere gemeinsame Zeit in Rio.

Beschluss a) Wir suchen uns Portugiesisch-Unterricht und reden nicht mehr deutsch, weder zuhause noch in der Öffentlichkeit. Im Bus ist uns die Stammelei peinlich, aber wir ziehen es durch.

Beschluss b) ist der Tanzkurs. Ralf sprang zunächst auf diese grandiose Idee nicht so an. Meine Reaktion „Kein Problem. Dann frag ich Otávio" konnte überzeugen.

Beschluss c) Ich fahre erst mal nicht allein nach Lapa. Dabei fand Ralf den Gedanken durchaus okay: „Ich gehe währenddessen dann in die House-Clubs in Ipanema." Doch was mir in Berlin keine Sekunde Schlaf rauben würde, erscheint mir in Rio beziehungsgefährdend. „De jeito nenhum", auf keinen Fall.

Leandro: Ihr müsst mit dem Körper des anderen mehr spielen. Haufi,[2] du kannst ... – wie heißt du noch mal?

Ich: Frauke.

Leandro: Also du kannst deine Partnerin ruhig etwas entschiedener umfassen.

Ralf: Frauke versucht immer zu führen. (Zu mir:) Jetzt tanz doch mal langsamer!

Ich: Ralf, man kann nicht langsamer tanzen. Das Lied hat einen Takt. Ich versuche, uns im Takt zu halten.

Ralf: Wieso? Vielleicht bist ja auch du zufällig mal nicht im Takt.

Ich: Ich bin immer im Takt.

Ralf: So was zu sagen finde ich arrogant.

Ich: Wieso? Es ist so. Wenn du mir sagst, ich sei nicht im Takt, ist das so, als würde ich dir beim Fußballspielen sagen, du spielst auf das falsche Tor.

Leandro: Sollen wir noch mal ein bisschen tanzen? Vielleicht etwas näher zusammen, etwas weniger deutsch?

Ralf und ich: Wir tanzen nicht deutsch! Wir streiten uns!

„Ihr steigt unten in den Bulli ein und fahrt bis zur Endstation oben auf dem Morro", hat Neuza am Telefon gesagt. „Ihr schaut nicht auffällig raus, macht auch keine Fotos." Fotos wären sowieso schwierig, es schüttet schon den ganzen Tag, sämtliche Scheiben des klapprigen VW-Bullis, der als Sammeltaxi zwischen Fuß und Spitze des Morros do Cantagalo hin- und herfährt, sind beschlagen.

Ein komisches Gefühl war das eben. Auf dem Asfalto zu stehen, an dieser Seitenstraße am Rand von Ipanema, wo eine bucklige Sandpiste abzweigt und sich steil den Berg hinaufzieht. Sie führt nach Cantagalo, in die Favela hinter unserem Haus, in der unsere Nachbarn wohnen. Mit uns sind acht Leute eingestiegen, alle schwarz.

Nun arbeitet sich der Bus die Windungen hinauf, nimmt vor jeder Steigung röhrend Anlauf. Draußen ist es dunkel, hin und wieder geben die Scheibenwischer die Sicht auf kleine Sturzbäche frei, die uns entgegenkommen und die Räder frei drehen lassen. Kanalisation gibt es nicht, nur Physik: Tonnen von Wasser fließen nach unten und reißen mit, was ihnen im Weg liegt, Geröll und Müll.

Unser Haus von hinten. Als der Bulli ein paar Serpentinen

genommen hat, sehe ich zum ersten Mal die Rückseite des 18-Stöckers, in dem ich seit fünf Monaten wohne. Sehe die Lichter der Wohnungen, die nach hinten raus liegen, dieselbe Fensterfront haben wie ich. Ich erahne ihren Blick: buschiges Grün, schmale Treppen zwischen Hütten aus morschen Holzplanken und Ziegelsteinen, auf den Dächern Wellblech oder Steinterrassen mit Wassertank drauf, Licht aus kleinen Lücken im Mauerwerk.

„Kommt mit, wir gehen ins Kulturzentrum", sagt Neuza de Oliveira, die uns oben auf dem „alto do morro", der Spitze des Hügels empfängt. Dort thront ein rundlicher Betonbau, innen Gruppenräume, aus denen Gelächter tönt. „Hier können wir ungestört reden", erklärt Neuza, „bei mir zuhause geht das nicht." Ein Favela-Projekt hat uns Neuza vermittelt. Wir hatten jemanden gesucht, der in einer Favela wohnt und über sein Leben zu sprechen bereit ist. Und darüber, ob es sich verändert hat, seit Lula, der Hoffnungsträger der Armen, an der Macht ist. Auf einer überdachten Terrasse stellen wir drei Schemel zusammen, um uns herum prasselt der Regen. „Was wollt ihr wissen?"

Wir haben viele Fragen. Wie es sich lebt, in Armut. „Es geht irgendwie", sagt Neuza, die bald sechsunddreißig wird. Ein wenig stämmig, die schwarzen Locken trägt sie kurz. „Ich wohne bei meinen Eltern. Meine zwei Schwestern wohnen auch bei uns, eine hat schon Kinder. Wenn alle da sind, sind wir neun und haben drei Zimmer." Strom zwackt sich Neuzas Familie, wie in Favelas üblich, von einer Leitung auf der Straße ab. „Ein Fernseher gehört dazu. Bei uns in der Nachbarschaft kenne ich niemanden, der keinen hat." Mit Platz zum Schlafen ist es schwieriger. „Für neun Leute ist das Haus nicht gemacht, ich teile das Zimmer mit drei Nichten."

Und Lula? „Ich hab ihn damals gewählt und war dann enttäuscht, weil für uns Arme kaum was voranging. Lula kümmerte sich um die Wirtschaft." Die anfängliche Enttäuschung vieler Armer schlug um, als die Wirtschaft Arbeitsplätze schaffte. Als Lula den Mindestlohn anhob, der sich seit seinem Amtsantritt 2003 mehr als verdoppelt hat. Weit über zehn Millionen Menschen haben eine Stelle gefunden. Zum ersten Mal arbeiten mehr Brasilianer in formellen Jobs als diejenigen, die auf der Straße Erdnüsse verkaufen oder parkende Autos einwinken.

Parallel schaffte Lula das Sozialprogramm „Bolsa Família". Inzwischen erhalten zwölf Millionen bedürftige Mütter Hilfe, aber nur, wenn sie ihre Kinder zur Schule schicken. Maximal zweihundert Real, achtzig Euro im Monat. Das Programm „Fome Zero" (Null Hunger) hilft denen, deren Existenz bedroht ist.

Jahrzehntelang hat sich Reichtum in kaum einem anderen Land der Welt so ungerecht verteilt wie in Brasilien: Wenige Menschen besaßen extrem viel, unglaublich viele besaßen gar nichts. Zum ersten Mal seit Ewigkeiten beginnt diese Schere sich ein Stück zu schließen.

Wie siehst du deine Situation? „Ich will gar nicht klagen, dass wir zu viert ein Schlafzimmer teilen. Immerhin, wir kommen über die Runden. Was mich auf die Palme bringt, ist fehlender Respekt. Das Gefühl zu haben, wir sind hier nur zweite Klasse." Die Armen werden unterstützt, doch bleiben sie Empfänger von Almosen. Um Perspektiven, etwa durch gute Bildung für alle in den staatlichen Schulen, kümmerte sich Lula kaum. Die Zustände dort sind noch immer katastrophal. Brasiliens Studenten kommen von Privatschulen, Neuzas Nichten können froh sein, wenn sie auf ihrer Schule schreiben lernen.

Und die Besitzlosen kämpften auch unter Lula vergeblich für ihre Landreform. Für eine Chance, selbst etwas zu erwirtschaften, unabhängig und in Würde zu leben. Die jahrelang versprochene Landreform fasste Lula nie an. Auch er scheute den

Konflikt mit den Großgrundbesitzern und ihren immensen Entschädigungsforderungen. Das ist es, was alte Weggefährten Lula vorwerfen: Visionen von Gerechtigkeit gegen Pragmatismus getauscht zu haben.

Wir haben noch mehr Fragen, die wir Neuza nicht stellen. Zum Beispiel, ob sie schon mal Ärger mit der „Facção" hatte, dem Drogenkartell. Wann sie im Alltag dessen Macht spürt und den Druck auf die Bewohner. Welche Gesetze in Cantagalo gelten. Denn unsere, die vom Asfalto, sind es nicht. „Jeder Morro hat seine eigenen, je nachdem, was der amtierende Drogenboss für ein Typ ist", hat mir neulich meine Kollegin Flaviana erklärt. Sie recherchiert für eine Artikelserie über Rios Favelas. „Die Brasilianer, die noch immer in der Diktatur[3] leben", wird sie heißen. Ob Neuza das Gefühl hat, in einer Diktatur zu leben? Eines deren Gesetze ist, dass wir sie das nicht fragen können. Offen seine Gedanken äußern, ein Bürgerrecht – auf dem Morro undenkbar. Wer über die Facção redet, könnte das auch mit Polizisten tun oder mit Leuten der anderen Kartelle. Könnte schuld sein an einer Verhaftung oder einem Überfall der Feinde. „X9" nennt man auf dem Morro einen Verräter, und dieses Gesetz ist überall gleich: Er wird mit dem Tod bestraft.

Es gelingt uns dreien ganz gut, drum herum zu reden, als existiere diese Seite von Neuzas Alltag nicht, als seien die vergebliche Suche nach Arbeit und der Regen, der unter der Tür durch ins Haus fließt, ihre größten Sorgen. Dann rutschen wir im Bulli die Serpentinen wieder nach unten.

Anmerkungen zum Novembro

[1] In dieser nationalen Debatte hat sich TV Globo, der mit großem Abstand mächtigste Fernsehsender des Landes, um Ausgewogenheit bemüht, wie auch in den jüngeren Wahlkämpfen. Das war nicht immer so. Als Lula 1989 zum ersten Mal antrat, machte der Sender massiv gegen ihn Stimmung, schnitt eine TV-Debatte zwischen Lula und seinem Gegenkandidaten Fernando Collor so zusammen, dass Lula den schlechtestmöglichen Eindruck machte. Collor hatte kein politisches Profil, er galt als reines „Produkt" des TV-Senders, der für viele Brasilianer, besonders auf dem Land, bis heute die einzige Informationsquelle ist. Collor gewann die Wahl.

[2] Da im Portugiesischen das „R" am Satzanfang wie „H" gesprochen wird, und das „l" vor Konsonanten oder am Wortende wie „u", wird aus Ralf „Hauf". (So wie Rio „Hio" ist und Brasil „Brasiu"). Einen Konsonanten am Wortende vermeidet der Brasilianer, das klingt zu hart. Ein drangeklebtes „i" macht das Wort geschmeidiger. Also „Haufi". Ein geschriebenes „H" fällt einfach weg, wodurch mein liebstes Wort zustandekommt. HipHop: „Ippi Oppi".

[3] 21 Jahre lang herrschte in Brasilien das Militär, von 1964 bis 1985. Es beschnitt massiv die Grundrechte, Gegner des Regimes wurden gefoltert und verschwanden. 136 Opfer werden noch heute vermisst. Viele Künstler und Oppositionelle flohen ins Exil. Stand das Land zunächst als stabiler Handelspartner für das Ausland da, das viel investierte, so rutschte Brasilien in den Achtzigerjahren in eine Wirtschaftskrise. Stark unter Druck, öffneten die Diktatoren ihr Regime, beschlossen eine Amnestie. Als das Land mit Inflationsraten von drei Prozent am Tag nicht mehr zu halten war, ließen sie freie Wahlen zu.

Dezembro

ALS ES GESTERN DÄMMERTE und ich an unserem neu gekauften Tisch mit Blick auf Ipanema saß, strahlten mich plötzlich rote und güldene Sterne von einer Hochhausfassade an. Sie reichten über mehrere Etagen und blinkten unaufhörlich. Je dunkler es wurde, desto mehr farbenfrohe Lichterketten entdeckte ich auch an anderen Häusern. Die machen mein Panorama kaputt. Die sind albern und kitschig, und wir haben 38 Grad. Und sie waren nur die Vorhut. Heute kommt er.

Er ist der „Árvore de Natal da Lagoa Rodrigo de Freitas", der meistbestaunte, bunteste und legendärste Weihnachtsbaum ganz Brasiliens, einer der größten der ganzen Welt. Schon seit vier Wochen sah ich jedes Mal, wenn ich am Ufer der Lagoa entlangfuhr, wie in ihrer Mitte ein paar Männchen auf einem Gerüst herumkraxelten. Das Gerüst wuchs, wurde struppig, und heute Abend steigt die Party zu Ehren des „Árvore de Natal" von Rio. Er ist 82 Meter hoch und trägt 2,8 Millionen bunte Glühlämpchen. Jeder Carioca – auch die, die eigentlich ganz vernünftig sind – vergöttert diesen Baum.

Am Abend treffen wir einige Nachbarn auf der Dachterrasse im 18. Stock. Von dort aus kann man ihn sehen, den Weihnachtsbaum, und das Feuerwerk, das zur großen Lämpchen-Anschalt-Show jedes Jahr gezündet wird. Der mehrspurige Verkehr um die Lagune herum ist bereits zum Erliegen gekommen. Tausende haben sich im Park am Ufer eingefunden, samt einem Orchester. „Dieses Jahr trägt die künstlerische Gestaltung das Thema: Wasserballett", informiert mich eine aufgeregte Nachbarin aus dem vierzehnten Stock. Ich tue mich grundsätzlich schwer damit, an bunt blinkenden Weihnachtsbäumen künstlerische Gestaltung auszumachen. „Kannst du ihn von deiner Wohnung aus sehen?", frage ich, und sie strahlt: „Ja, ich freue mich das ganze Jahr darauf."

Das Feuerwerk lässt die schwarzen Berge der Floresta da Tijuca für Sekunden in allen Farben erstrahlen, was toll aussieht. Das Wasserballett bildet sich aus Fontänen um den Baum herum, die bunt angestrahlt und rhythmisch zwanzig Meter in die Höhe schießen. „Und so bleibt das bis Weihnachten?", frage ich die Nachbarin und sortiere meine Gesichtszüge zu einem Ausdruck von Begeisterung. „Ja, das ist ja das Tolle!", sagt sie und schenkt mir Sekt nach.

Beinahe schlimmer als den Weihnachtsbaum finde ich die zwei mannshohen Plastikrentiere, die mir am nächsten Tag vor der Bradesco-Bank den Fußweg versperren. Sie ziehen einen Schlitten mit Weihnachtsmann durch eine Schneelandschaft, für die man drei künstliche Tannen sowie fast den gesamten Boden mit Watte beklebt hat. Zu Fuß muss ich mich vorbeimogeln und werde böse von dem Wachmann angestarrt, der rund um die Uhr aufpasst, dass man mit seinen Badelatschen nicht auf den Schnee tritt.

Brasilianer, und vielleicht besonders jene, die in Rio leben, haben ein sehr ungezwungenes Verhältnis zu religiösem Symbolismus. Sonntags auf dem Hippiemarkt entdeckte ich unlängst einen Stand, der Tops vertreibt mit aufgedruckten Heiligenmotiven. Man hat dann die heilige Jungfrau Maria mit Jesuskind vor dem Bauch oder auch zwischen den Brüsten, je nach Größe. Oder Sankt Franziskus oder den Apostel Paulus. Ich hab mir zwei Shirts gekauft, mich bei der Motivauswahl allerdings eher von der Farbzusammenstellung leiten lassen als von der Frage, qua welcher Wundertaten sich der Dargestellte für den Kanon der katholischen Heiligkeit empfohlen hat. Das ist bei den Cariocas anders. Meine Freundin Carolina schenkt mir regelmäßig Heiligenbildchen, vornehmlich von Nossa Senhora „da Conceição" (der unbefleckten Empfängnis), damit sie mich beschützt. Ich finde das rührend und diesen Eins-zu-eins-Glauben ein bisschen beneidenswert, und ein ganz bisschen fühle ich mich auch von Nossa Senhora da Conceição beschützt. Ich habe mir einen Kühlschrankmagneten mit dem Heiligen Abendmahl gekauft.

Ralf und ich haben schon vor einer Weile beschlossen, über Weihnachten einen Heimatbesuch zu machen und als Geschenk für Freunde und Familie fünfundzwanzig Paar Hawaianas mitzubringen. In der Air-France-Maschine am 22. Dezember hab ich den letzten freien Platz bekommen, Ralf wird schon zwei Tage vorher fliegen. Zwei Tage vorher kann ich noch nicht weg, denn ich bin inzwischen Mitglied des Globo-Redaktions-Chores, der am 21. Dezember morgens in der Aula des Verlagsgebäudes einen Weihnachts-Auftritt hat.

Wenn wir im Chor singen, mit nur fünfundzwanzig Leuten, erinnert mich der Klang an die Bossa Novas von Sergio Mendez, von Tom Jobim, wenn sich der Hintergrundchor leicht wie ein Tuch um das Solo im Vordergrund legt. So leicht klingt auch mein Chor, der nur nach Gehör und nie nach Noten singt.

Bloß neulich, als wir mal hoch auf das „g" mussten, da begann der Klang zu kratzen. Und Hélio, der Chorleiter, sagte: „Olhem só, wenn es so hoch geht, müsst ihr Kopfstimme singen, einen Hohlraum machen, im Mund, im Kopf. Das ist nicht schwierig, in Europa singen alle so. Komm, Fouk, mach mal vor, sing mal Kopfstimme." „Wie jetzt, ich? Also, das kommt unerwartet." „Fouk, wir wollen Kopfstimme hören", rief ein mir unbekannter Tenor. Tá bom, ich find's ja nicht so spektakulär, aber bitte. Ich sang das Problem-„g" und ließ es ordentlich vibrieren, und weil es ganz gut klappte, traute ich mich auch noch auf das „a". Der Exkurs dauerte zehn Sekunden, und im Anschluss wurde ich von fünfundzwanzig Cariocas beklatscht.

Bis ich die Zeitung aufgeschlagen hab, war heute alles in Ordnung. Es hat aus Eimern geregnet, aber der Regen ist warm, man zieht einfach eins dieser durchsichtigen Plastik-Capes über (für zwei Real beim Regenschirmhändler) und schlüpft in die Badelatschen – pronto.

Ich bin also in den Bus gesprungen, hab den Lokalteil aufgeschlagen und die Schlagzeile entziffert: „Sequestro em Ônibus. Tres mortos" (Entführung im Bus. Drei Tote).

Nun lese ich und schlage Vokabeln nach, und was da steht, krallt sich mir in den Magen. In der Zona Norte ist gestern Morgen ein junger Typ bewaffnet in einen Bus eingestiegen, um Fahrgäste auszurauben. Der Busfahrer hat Angst bekommen, hat die automatische Einstiegstür geöffnet, ist rausgesprungen aus dem Bus, und hinter ihm hat sich die Tür wieder geschlossen. Nun war keiner mehr im Bus, der wusste, wie man diese Tür öffnet. Der Bandit saß in der Falle. Als er das merkte, ist er panisch geworden, ausgerastet, und hat geschossen. Drei Menschen sind gestorben.

Das könnte an der nächsten Kreuzung auch mit diesem Bus hier passieren. Ist es naiv, davon auszugehen, dass es nicht passiert? Oder ist es die einzige Strategie in Rio, um sich nicht von Ängsten zerfressen zu lassen? Ich stelle mir vor, wie es wohl für die Leute im Bus gewesen ist, als sie gemerkt haben: Es läuft nicht so glimpflich ab wie normal. Der Typ gerät in Stress, verliert die Kontrolle. Haben sie sich unter die Sitze geduckt? Haben sie versucht, den Banditen zu beruhigen? Hat vielleicht sogar jemand versucht, ihm mit der Tür zu helfen, um das Leben aller zu retten? Und nun sind drei Leute tot, die eigentlich dachten, sie fahren zur Arbeit oder zum Einkaufen oder zum Amt was erledigen. Die nicht dachten, dass sie an diesem Tag sterben müssen.

„Ich hab jedes Mal ein bisschen Angst. Auf jedem Weg nach Hause hab ich Angst", hat mir neulich eine Frau erzählt, die abends neben mir im Bus Richtung Bahnhof Central saß. Ich fuhr zu einem Interviewtermin, sie hatte gerade Feierabend. Hatte zwei Plastiktüten auf dem Schoß und Lust zu reden. „Ich lebe im Complexo da Maré und arbeite bei einer

Familie in Botafogo, sabe." Sei. Ich wusste, was das bedeutet. „Dann sitzt du jeden Morgen und jeden Abend zwei Stunden im Bus?", fragte ich. „Sechs Tage die Woche, ja. Und je weiter der Bus vom Zentrum wegfährt, desto gefährlicher wird es." Banditen haben dort nichts zu befürchten, weil fast keine Polizei unterwegs ist. Die Region ist weitläufig und durchsetzt von Favelas – unmöglich zu kontrollieren. Für das geringe Risiko nimmt man eine geringe Beute in Kauf. Die Polizei konzentriert sich derweil auf die Zona Sul, um die Mittelklasse und die Touristen zu beschützen.

Ich zeigte der Frau meine Müsliboxen und die versteckte Aufnahmetechnik darin. „Nossa, mit so teuren Sachen setzt du dich in den Bus?" „Anders kann ich meine Arbeit nicht machen", sagte ich und verschwieg beschämt die Diebstahlversicherung. „Ja, so geht es mir auch", sagte sie. „Wenn ich Geld verdienen will, ist der Bus meine einzige Möglichkeit, ob ich Angst hab oder nicht. Não tem escolha." Keine Wahl.

Ich genieße das Busfahren, mag den rasanten Fahrstil der Motoristas, den Wind durch das Seitenfenster. Aber auch wenn ich Zeitung lese, blicke ich bei jedem Halt kurz zum Schaffner, um zu sehen, wer einsteigt. Einmal bin ich ausgestiegen, als drei Jungs reinkamen, die mich von ihrem Habitus her zu sehr an die Banditen von damals erinnerten.

Doch das Entscheidende ist wohl: Egal ob ich für ein Interview ins Centro oder zur Arbeit in die Redaktion fahre, ich steige aus, bevor der Bus sich Richtung Nordzone wendet. Das macht den Unterschied. Denn dort, im Norden, wird Rios Verbrechensstatistik mit Zahlen gespeist. Was ist das für ein Leben, wo man fast nichts hat und sich jeden Tag fürchtet, auch dieses fast nichts noch zu verlieren. Am Ende sein Leben.

„Es ist faszinierend", sagt João. „Du tust gar nichts Besonderes. Du bist einfach hier, schaust hin, hörst zu, und Rio zeigt dir nach und nach alle seine hässlichen Seiten." Wir stehen vor dem Globo-Gebäude. Der Regen hat zum Abend aufgehört, ein Kollege verlässt die Zeitung und feiert Abschied mit Chope Gelado auf dem Fußweg. „Es war so traurig, heute Morgen die Geschichte von dem entführten Bus zu lesen. Dass so etwas passiert", sage ich. „Eigentlich unfassbar." Ganz leise schwingt ein Vorwurf mit. „Ja", sagt Thiago, „das ist es." Wir schweigen, und ich hab ein schlechtes Gewissen. Schließlich sind sie es, die mir Rede und Antwort stehen, bei allen Fragen, die mir unter den Nägeln brennen. Menschen wie João oder Thiago, Lúcia oder Jaime, die sich von Anfang an Zeit für mich genommen haben, und nun sind sie so etwas wie meine Lotsen geworden, in dieser Stadt. Die nicht nur deshalb schwer zu durchschauen ist, weil überall Berge im Weg stehen.

„Weißt du, dein Entsetzen tut uns ganz gut", sagt Thiago. „Wenn man wie wir schon so lange in Rio lebt, hört man irgendwann auf sich zu entsetzen, und man wird auch nicht mehr sauer. Das schützt, aber es stumpft auch ab. Und das ist nicht gesund."

Es ist der 22. Dezember, morgens um zehn Uhr. In dem letzten Flugzeug, das vor Weihnachten nach Paris fliegt, habe ich den letzten Platz gebucht. Mein Koffer ist voll mit Klamotten, mit Hawaianas, mit Kaffee und Cachaça zum Caipirinhamixen. Ich rolle den Koffer die Straße runter, mache Zwischenstopp bei der Bäckerei, um Juliana an der Kasse unser Geschenk zu geben. Ralf hat zwei weiche Handtücher für sie gekauft. Dann weiter zur Küstenstraße, hier hält der Flughafen-Bus.

Nach einer halben Stunde kommt Irineu, der Maiskolbenhändler, mit seinem Handwagen angefahren. „Fliegst du nach Deutschland?" „Ja", sage ich, „noch schnell zu Weihnachten." „Uiuiui, das ist knapp", sagt Irinéu und wiegt den Kopf.

Nach einer Dreiviertelstunde werde ich unruhig, denn der Flug geht um 14.40 Uhr, und ich muss vorher noch zur Bundespolizei im Flughafen, denn mein Visum ist abgelaufen.

Schon seit Oktober bin ich illegal hier und erwarte eine Geldstrafe. Ralf und ich waren extra letzte Woche schon am Flughafen, um den Visakram *vor* dem Abflug zu regeln. „Nein, das machen wir, wenn du ausreist", haben sie gesagt.

Als der Bus kommt, fällt mir ein Stein vom Herzen. Zu Unrecht.

Denn als wir zwei Minuten gefahren sind und die Straße nach Copacabana abknickt, bewegt sich nichts mehr. Unser Bus ist eingekeilt zwischen anderen Autos, es vergehen zehn Minuten, nichts passiert. Der Motorista erfährt über Funk von einer Schießerei in Copacabana, zwei Durchgangsstraßen gesperrt. „Das kann dauern", sagt er. In zweieinhalb Stunden geht mein Flieger am anderen Ende der Stadt, mein Weihnachten in Westfalen scheint ernsthaft in Gefahr.

Ein junger Carioca steigt aus. „Peraí moço, willst du dir ein Taxi nehmen?" „Ja", sagt er. „Sollen wir es uns teilen?" Ich suche im Gepäckraum meinen Koffer, zwei Holländerinnen greifen ebenfalls ihre Rucksäcke, weil wir so wirken, als hätten wir einen Plan. Der Plan heißt: hintenrum. Zurück nach Ipanema, um die Lagoa herum, unter den Bergen hindurch und dann zum Flughafen. Auf dem Weg zum Taxistand haut mir 25 Mal das Gewicht von drei Flaschen Cachaça in die Hacken. Kein Taxi zu sehen. Der Carioca geht in den Seitenstraßen suchen, fünf Minuten später hat er eins. Wir teilen uns die Rückbank mit drei Personen, fünf Taschen und zwei Rucksäcken, aber wir fahren.

Fünfzig Minuten vor Abflug bin ich beim Check-in an der Reihe. „Nossa", sagt die Dame von Air France. „Dein Visum ist ja abgelaufen. Da hättest du viel früher hier sein müssen." „Ich weiß", sage ich, „in Copacabana gab es eine Schießerei. Ich bin froh, dass ich überhaupt da bin." „Tá bom, ich check dich ein, aber du musst sofort zur Polizei gehen und das regeln." Am Infoschalter schickt man mich in den zweiten Stock und dann rechts. Vierzig Minuten vor Abflug sagt der Polizist dort: „Nein, wir machen das hier nicht. Du musst dich bei der Passkontrolle anstellen, die kassieren dich ein, wenn sie dein Visum sehen." Fünf Minuten an der Sicherheitskontrolle, dreißig Meter Schlange vor der Passkotrolle. Ich gehe zu einem Beamten an der Seite, und er schleust mich zum Schalter für die Angestellten. „Nossa", sagt der Polizist, „dein Visum müssen wir aber bearbeiten." Im Nebenzimmer erwartet mich ein Typ am Schreibtisch. Sehr entspannt. „Was machst du denn hier eigentlich?", fragt er. „Ich lerne Portugiesisch", antworte ich. „Letzte Woche war ich schon hier und wollte die Strafe zahlen, aber deine Kollegen haben gesagt, das ginge nicht im Voraus." „Ganz entspannt. Strafe zahlst du erst bei Wiedereinreise. Und jetzt willst du über Weihnachten nach Hause?" „Ja", sage ich, „und der letzte Flieger steigt in 25 Minuten auf." Das heißt, rollt in fünfzehn Minuten auf die Startbahn, das heißt, jetzt steigen die letzten Passagiere ein. Der Typ am Schreibtisch sucht ein Formular, dann sucht er einen Stempel, dann klingelt das Telefon. Beim Auflegen grinst er: „E aí, hast du dich verliebt?" „Na klar", sage ich, „schon mal jemanden getroffen, der sich in Rio nicht verliebt hat?", und denke: Alter, hör auf zu labern und *mach deinen Job*. Wenn ich Weihnachten nicht in Westfalen unterm Baum sitze, spreng ich deinen Schreibtisch. Ehrlich. „Ich geh mal deinen Pass kopieren", sagt er und ist verschwunden. Noch zwanzig Minuten. „Das kann nicht klappen", sagt meine innere Stimme. Noch achtzehn Minuten. Wo steht der Kopierer? Sechzehn Minuten, der Typ kommt zurück, vergleicht die Kopien, gibt mir meinen Pass und sagt: „Feliz Natal." (Frohe Weihnachten.) Im Weglaufen rufe ich irgendwas und zähle die Gates ab, die noch zwischen mir und Gate 18 liegen. Da! Da stehen die Damen vom Boarding zusammen. Niemand sonst, aber sie sind noch da. „Du bist spät, meu amor. Wir sind auch ein bisschen spät, das ist dein Glück. Hier, bitte, deine Bordkarte. Feliz Natal."

Janeiro

DAS NEUE JAHR hält für uns im Anschluss an den Flug Berlin – Paris – Rio nicht nur einen Temperatursprung von knapp fünfzig Grad bereit, sondern auch zwei neue Visa. Es zählt das Kalenderjahr. Nach Begleichung meiner Strafe von einigen hundert Real bin ich nun wieder für drei Monate ganz legal in Rio.

Das Portugiesisch, das die Leute in Ipanema auf der Straße reden, erscheint mir wie Musik. Ich nerve Ralf mit der Idee, nach fünfzehn Stunden Flug noch ins Semente zu fahren. Es ist Sonntag. Wie viele Sonntage habe ich noch bis April?

Ich drehe mich im Kreis, mein Horizont ist Soja. Egal, ob ich nach Süden, Westen, Norden oder Osten blicke, nur Soja. Ein Sojafeld im Mato Grosso, für diesen Anblick sind wir knapp drei Stunden geflogen, Richtung Nordwesten, quer über das Land. Weiter nördlich beginnt der Amazonas-Regenwald, im Westen Bolivien. Ralf schreibt einen Artikel für „Die Zeit", ich einen Beitrag für die „Deutsche Welle" über Brasiliens boomende Soja-Produktion. Also buchten wir zwei Flüge nach Cuiabá, die Hauptstadt des Bundesstaates Mato Grosso.

Nun schaue ich auf eine grüne Endlosigkeit, deren Anblick ich sogar mögen könnte, wüsste ich nicht, dass sich Brasiliens Anbaugebiete immer weiter in den Regenwald hineinfressen. Wenn im Mato Grosso der Wald in Flammen stand, musste schon manches Mal der Flughafen von Cuiabá geschlossen werden, der Rauch gefährdete den Flugverkehr.

Um auf dem Soja-Weltmarkt reich zu werden, muss man einer der ganz Großen sein. Blairo Maggi ist der Größte, ihm gehört mein Horizont. Ein Verwalter hat uns mit seinem Jeep hierher gefahren. „Hier beginnt unser Anbaugebiet", hat er gesagt, dann sind wir eine Stunde geradeaus gefahren, ohne Maggis Grund zu verlassen. Wir haben die Flugzeuge fotografiert, die Pestizide sprühen, haben uns mit den Feldarbeitern unterhalten, ich bin auf einem monströsen Mähdrescher mitgefahren. Zum Schluss haben wir Maggis Bruder im verspiegelten Firmensitz zum Interview getroffen.

Als wir uns auf den Rückweg nach Cuiabá machen, bin ich erleichtert. Brandrodung, Monokultur – wir wussten von Anfang an, dass wir kaum Positives über Soja-Anbau berichten könnten, abgesehen von seinem wirtschaftlichen Erfolg. Die Maggis und ihr Verwalter wussten das auch. Entsprechend war die Stimmung.

Nun stehen uns vier Stunden Landstraße im gemieteten Kleinwagen bevor. Wenn man nicht ständig von Sattelschleppern überholt werden möchte, muss man mindestens 90 km/h fahren, ohne Randstreifen. In dem Tempo hat man keine Chance, den Schlaglöchern auszuweichen, über die ein LKW offenbar einfach drüberfährt. Ein Golf tut das nicht, und das hat uns auf der Hinfahrt bereits eine Radkappe gekostet, die wir leider nicht suchen konnten, weil wir sonst auf der Fahrbahn oder im Schilf hätten parken müssen. Wir kamen überein, dass es übertrieben wäre, für eine Radkappe sein Leben zu riskieren.

Während der vergangenen Minuten hat sich der Himmel so zugezogen, dass wir von einem glasklaren Dunkelgrau überspannt sind. Was daraus gleich hervorbricht, muss das Inferno werden.

Stufe 4 der Scheibenwischanlage von Volkswagen ist nur auf Wolkenbrüche deutscher Dimension eingestellt. Ich klebe an der Windschutzscheibe und sehe Wasser. Erfreulicherweise gelingt es mir, unser Tempo auf 40 km/h zu drosseln, ich hatte befürchtet, dass wir schon schwimmen.

Von hinten leuchten uns zwei grelle Scheinwerfer ins Auto,

sie gehören zu einem Sattelschlepper, der weiterhin 90 km/h für das passende Tempo hält und zum Überholen ansetzt. „Das kann nicht wahr sein. Ist der übergeschnappt?", schreie ich rüber zu Ralf und hätte jetzt gern eines von Carolinas Heiligenbildchen dabei. Sowie der LKW unsere Höhe erreicht hat, scheint sich links neben uns eine Talsperre zu öffnen, und ihr gesamter Inhalt ergießt sich über das Auto. Als der LKW vorbeigefahren ist und ich versuche rauszufinden, ob wir uns noch auf der Fahrbahn befinden, erscheinen im Rückspiegel zwei grelle Scheinwerfer. „Nee. Das mach ich nicht mehr mit", sage ich, und Ralf: „Hier ist eine Ortschaft. Lass uns doch schauen, ob wir eine Bar finden."

Eine Minute später stehen wir neben der Landstraße. Die Umrisse des erhofften Botecos sind noch dreißig Meter entfernt, aber ich trau mich nicht näher ran, weil der Parkplatz unter Wasser steht. Wir sprinten olympiareif zum Büdchen und sind klatschnass. „Boa noite", sagt der Mann hinter der Bar. „Wollt ihr ein Handtuch?"

Den Weg zurück zum Auto müssen wir ertasten, weil es inzwischen stockfinster ist. Von nächtlichen Autofahrten raten Brasilianer ab, zu gefährlich sei der Verkehr, und zu gefährlich auch die, die des Nachts unterwegs sind. Wir sind also allein, allein mit den Sattelschleppern.

Das Inferno ist weitergezogen. Wir haben uns auf 70 km/h eingependelt und werden alle fünf Minuten von einem Monster auf zehn Rädern überholt.

„Krack" macht es plötzlich draußen, mein Kopf stößt gegen die Fensterscheibe. „Was ist denn jetzt los?", schreie ich, „Schlagloch", schreit Ralf, während das Auto leicht ausschert, und er versucht, kontrolliert zu bremsen. Uff.

Hier ist nichts, nur schwarze Nacht und neben mir vor der Beifahrertür eine Wand aus Schilf. Wir klettern aus der Fahrerseite, und Ralf befühlt die Reifen. „Der links hinten ist platt, ich hab das Schlagloch nicht gesehen."

Ein platter Reifen. Mitternachts auf einer Landstraße ohne Randstreifen im Mato Grosso, wo außer uns nur Dreißigtonner mit ihrem schiefgesichtigen Bedienpersonal unterwegs sind. Ich spüre jedes Haar, das mir zu Berge steht. „Dann schauen wir mal, ob wir ein Reserverad haben", sagt Ralf und beginnt, unser Gepäck auf die Rückbank zu wuchten. Wenn nicht, dann weiß ich nicht weiter. Eine Nacht im Auto, und im Schlaf unter einem LKW sterben? Kilometerweit wandern in der Hoffnung, eine Behausung zu finden, und was sind das dann für Leute, und was denken die, wer wir sind?

Nossa Senhora der unbefleckten Empfängnis steht uns bei. Im Kofferraum liegen Reserverad und Werkzeug. „Was wir nicht haben, ist Licht", stellt Ralf fest, denn von den Scheinwerfern kommt nicht ein Funken beim linken Hinterrad an.

„Ich spiegel das Licht vom Scheinwerfer auf den Reifen", rufe ich und halte im nächsten Moment den Rückspiegel in der Hand, den ich vor Eifer sofort aus der Halterung gerissen hab. Vor dem Scheinwerfer hockend drehe ich den Spiegel in jeden Winkel, um das Licht in Ralfs Richtung zu reflektieren. „Fouk, wenn du zwei Sekunden gewartet hättest, hätte ich gesagt, dass der Spiegel viel zu klein ist." Ralf hockt im Dunkeln, ich hab die Inneneinrichtung demoliert. „Das Blitzlicht der Kamera!" schießt es mir durch den Kopf. Mit der Spiegelreflex postiere ich mich neben Ralf, löse alle fünf Sekunden den Rote-Augen-Blitz aus, und mein Freund nutzt die lichten Momente, um das Rad zu wechseln. Die Arbeit geht zügig voran, immer bis ich am Horizont zwei grelle Lichter entdecke. „Sattelschlepper-Alarm!" Dann verstecken wir uns zehn Meter weiter vorne im Schilf und hoffen, dass der LKW das Auto nicht plattfährt, aber die Szenerie auch nicht so interessant erscheint, dass er anhält, um zu gucken, was hier so los ist. Krrrrrusch – wieder rauscht einer vorbei.

Ich war im Leben noch nie so froh, ein Auto zu starten. Wir starren zu zweit auf die Fahrbahn und erreichen so drei

Stunden später die Stadt, ein kleines Hotel und schließlich ein Bett mit Seife auf dem Kopfkissen.

Nachdem es die Autowerkstatt tatsächlich geschafft hat, bis zum nächsten Mittag den Reifen zu ersetzen, fahren wir Richtung Pantanal, ins größte Feuchtgebiet Brasiliens. Zweihundertfünfzig Quadratkilometer, von denen Brasilianer schwärmen, man könne dort mehr wilde Tiere sehen als am Amazonas.

Wir erreichen den Nationalpark erst eine Stunde vor Sonnenuntergang, weil ich zwischenzeitlich Richtung Bolivien gefahren war, und nehmen dann die einzige Straße, die hindurchführt: die Transpantaneira. Eine kerzengerade Buckelpiste, alle zwanzig Meter fällt der kaputte Rückspiegel aus der Halterung, doch da wir das einzige Auto sind, brauchen wir ihn nicht dringend. Rechts und links erstrecken sich morastige Weiten, Inseln aus Gras, Modder. „Ralf, ein Krokodil!", rufe ich beim ersten Krokodil, das reglos am Rand der Straße steht. Beim zehnten Krokodil höre ich auf zu knipsen, beim zwanzigsten höre ich auf zu zählen. Sie heißen „Jacaré", sind zwei Meter lang und der Reiseführer behauptet, dass sie nicht dazu neigen, Menschen zu fressen. Der Reiseführer behauptet ferner, dass an dieser Straße diverse „Pousadas" (Herbergen) liegen, und die Pousada Rio Claro sei sehr zu empfehlen.

Wir lassen darum eine unbekannte Pousada, die rechts neben der Straße liegt, außer Acht und fahren weiter. Alle tausend Meter überquert die Straße auf einer wackligen Hängekonstruktion aus Holzbohlen einen der vielen Wassergräben, die das Gebiet durchziehen und in denen ich eine Million Schlangen vermute.

Seit einer Stunde fahren wir geradeaus, fünf Autos sind uns in der Zeit begegnet. Es beginnt zu dämmern. Gerade als wir erstmals erwägen umzudrehen und zur ersten Pousada zurückzukehren, kommt ein großes Schild. Pousada Rio Claro links ab, es zeigt auf einen Feldweg. Erleichtert biegen wir ab, fahren fünfhundert Meter zwischen sumpfigen Wiesen hindurch und erreichen dann einen üppigen Feuchtwald. Die üppige Feuchte des Waldes hat leider auch unseren Fahrweg erreicht, immer wieder drehen die Räder für eine Schrecksekunde frei. Von einer Behausung keine Spur. „Was machen wir?", fragt Ralf im Angesicht einer zwei Meter langen Pfütze, die sich in der Breite über den gesamten Weg erstreckt. „Ich weiß nicht, aber ich sehe keine Chance, aus dem Wald im Rückwärtsgang wieder rauszukommen." „Interessant wäre zu wissen, ob hier irgendwann diese Pousada kommt", sagt Ralf. Wir würden gern anrufen, um zu fragen, aber die Handys haben keinen Empfang. „Anlauf nehmen und durch. Ist dir das recht?", fragt Ralf. „Ja, mach." Das Auto fällt zehn Zentimeter tief ins Wasser und arbeitet sich tapfer bis zum anderen Ufer vor. Im Kegel der Scheinwerfer können wir erkennen, dass sich der Wald lichtet, auf dem Feld grasen Kühe. „Kühe sind doch ein gutes Zeichen", rufe ich in der Hoffnung, dass Kühe ein gutes Zeichen sind. Die nächste Pfütze ist doppelt so lang und breit wie die vorige. „Das ist nicht euer Ernst", sagt Ralf, ich fühle mich nicht angesprochen. Wir fordern das Glück heraus. Ein Meter, zwei Meter, die Räder drehen durch, Schlamm spritzt gegen die Scheiben. Wir stehen. Etwa fünf Minuten lang belegen wir die Pousada, das Pantanal, den Reiseführer und ganz Brasilien mit allerlei Kraftausdrücken.

Ralf gibt wieder Gas. Doch Nossa Senhora der unbefleckten Empfängnis kommt uns nicht zu Hilfe. Der Mond steht links neben uns. Nach einiger Zeit erkennen wir dunkle Umrisse – Kühe und weiter vorn ein Wäldchen. Man hat einen weiten Blick. „Kein Licht, nirgends."

Wir möchten nicht im Auto schlafen. Die grasenden Kühe unterstützen unserer Ansicht nach die These, dass die Jacarés nicht gefährlich sind. Wir packen die wichtigsten Sachen ein und verlassen durch wadentiefen Matsch das Auto. „Ist doch super", sagt Ralf, „klauen kann's keiner."

Wir wissen ja schon, wie man mit dem Rote-Augen-Blitz der Kamera eine Taschenlampe ersetzt. So stolpern wir vorwärts, Hand in Hand, in den Wald hinein. „Jetzt weiß ich, wie Hänsel und Gretel sich gefühlt haben", sage ich, „die meisten wilden Tiere haben Angst vor Menschen, oder?" Ralf schlägt vor, lauter zu reden, um die Tiere zu warnen. Wir rufen „Olha só, Jacaré, estamos chegando!" (Wir kommen!) und „Oi, serpente, sai da minha frente! (Aus dem Weg!)". So durchqueren wir die Morastfelder und stehen auf der Transpantaneira, wo vor einer Stunde die Jacarés standen.

„Es muss noch früh sein. Wir laufen los und halten das erste Auto an, das vorbeikommt." Wir sind halt Deutsche. In Deutschland kommt immer ein Auto vorbei. „Ola, Jacaré! Sai da nossa frente!"

Nach einer halben Stunde erwarten wir immer noch das erste Auto. Nach einer Stunde ziehen wir die Möglichkeit in Betracht, dass bis morgen früh kein Auto mehr vorbeikommt. „Sollen wir zurück zu unserem Wagen gehen?" Ich hasse mich selbst für diesen Vorschlag. Da ruft Ralf: „Lichter!"

Tatsächlich. Hinter uns am Horizont sind zwei winzige Punkte aufgetaucht. Nach zehn Minuten scheinen sie noch keinen Meter nähergekommen. „Wenn der vorbeifährt, bring ich mich um", sage ich. „Der fährt so unglaublich langsam, dass wir uns vor ihn auf die Fahrbahn legen können", sagt Ralf. Es ist ein großer Pick-up, und er zieht einen Anhänger mit Boot hinter sich her. „Boa noite", sagt ein abgerissener Typ durch das Beifahrerfenster. Neben ihm und hinter ihm zwei weitere zottelige Männer.

Unsere Geschichte finden die drei sehr lustig, als wir sie zwischen Kästen und Zeltplanen auf die Rückbank gequetscht zum Besten geben. „Wir kommen aus São Paulo. Ich hab eine Immobilienfirma, ich heiße Gustavo", sagt der Abgerissenste der drei. „Henrique arbeitet bei einer Versicherung, und Lorenzo ist Bankkaufmann. Wir kommen jedes Jahr ins Pantanal, um eine Woche lang zu angeln. Keine Handys, kein Rasierer. Es ist die beste Woche im Jahr, oder, Jungs?" „Absolut", kommt von vorn, „nur leider haben wir diesmal einen Platten am Hänger." Mit Henrique, Lorenzo und Gustavo kommen wir nur unwesentlich schneller voran als vorher zu Fuß. Ich würde trotzdem bis nach São Paulo mit ihnen fahren.

Nach einer Stunde erreichen wir die Pousada, die wir vorhin ignoriert hatten. Aber Henrique ist die Sache nicht geheuer. „Es ist schon fast Nacht und Nebensaison. Wer weiß, ob jemand öffnet? Lauft mal rüber, schaut, ob ihr reinkommt, und dann sagt Bescheid. Wir warten." Die dreihundert Meter zum Haus ziehen sich hin, weil eine Kuhherde im Weg steht. „Oi, vaca! Sai da minha frente!" Ralf macht einfach weiter wie vorher. Kein Licht am Haus, keine Antwort auf unser Klopfen. „Olá, ist hier jemand?" Ich halte es für angebracht, „Não somos bandidos, somos turistas" zu rufen, wir sind keine Banditen, wir sind Touristen. Da, ich höre Schritte!

In den nächsten drei Tagen haben wir in der wunderschönen Seenlandschaft des Pantanal noch viele Jacarés, Tukane, Piranhas und Schlangen bestaunt, sowie drei Reitpferde, die mit erheblicher Anstrengung unser Auto aus dem Modder zogen. Ein lohnendes Reiseziel, doch besser während der Trockenzeit, April bis November.

„Stell dich drauf ein", sagt meine innere Stimme. „Wenn du in deinem Jahr in Rio überfallen werden solltest, dann jetzt." Es wäre blöd, denn ich habe meine Aufnahmetechnik dabei. Es hätte jedoch auch eine gewisse Komik, denn ich bin auf dem Weg zur Polizei.

Für diese Verabredung bei der Polizei habe ich viel telefoniert. Immer wieder habe ich erklärt, wo ich herkomme, für wen ich arbeite, habe zum Beweis meine Artikel per E-Mail verschickt. Diejenigen, mit denen ich mich gleich treffen will, vertrauen nicht vielen Leuten. Sie verabreden sich nur ungern, um Fragen zu beantworten. Sie sehen aber einen gewissen Nutzen darin, dass mehr Menschen erfahren, was sie tun und warum sie das tun.

„Programa de Proteção à Criança e ao Adolescente Ameaçado de Morte", so lautet der offizielle Titel ihrer Arbeit. „Programm zum Schutz für Kinder und Jugendliche, die mit dem Tode bedroht werden". Eine Adresse gibt es nicht, darum haben wir uns hier verabredet, um 15 Uhr auf einer Polizeistation am Hafen. Die Straße zieht sich drei Kilometer an den Kais entlang, überdacht, denn oberhalb führt auf Betonsäulen die Schnellstraße zum Flughafen. Der städtische Bus, in dem ich sitze, fährt unterhalb, wo verdreckte Lagerschuppen die Straße säumen. Auf den Laderampen hocken Menschen unter Plastiktüten.

Der Bus fährt rechts ran, dann ist er weg.

Vergilbte Schilder und kaputte Fensterscheiben an den Gebäuden, der Fußweg ist menschenleer. Ich laufe die Straße fünfhundert Meter hoch, bis sie endet, dann alles wieder zurück. Keines der Häuser hat auch nur eine Hausnummer. Mir ist flau. Ich laufe in die andere Richtung, wieder fünfhundert Meter, eine Seitenstraße biegt ab. Dort steht ein Gebäude mit blauer Fassade, am Eingang irgendwas Offizielles, ein Wappen oder so.

Ich hab als Einzige auf einem der Schemel auf dem Flur Platz genommen. Wenn ich die Bezeichnungen vor dem Haus richtig verstanden habe, ist das hier der Sitz eines Programms zur Resozialisierung. Dann sind die jungen Männer, die an mir vorbeigeleitet werden, wohl Straftäter. Die Prozedur der Anreise und das Setting hier geben mir – wie nicht selten in Rio – das Gefühl, in einer Situation zu sein, die ich nicht zur Hälfte selbst überblicke. „Fouk?", sagt plötzlich eine Stimme neben mir. „Ich glaube, wir sind verabredet."

Das Mädchen, das ins Zimmer tritt, hat pechschwarze Haare, die rosa Jacke lässt ihren tiefbraunen Teint noch dunkler wirken. Ein bisschen pummelig ist sie, schaut schüchtern, für mich heißt sie Debora. Bevor sie hereinkam, hat mir die Sozialarbeiterin die Bedingungen für das Gespräch genannt: „Keine konkreten Fragen nach Orten, Zeiten, Namen. Kein Nachbohren, wenn die Antwort spärlich ausfällt, tá? Du sprichst mit Debora Lima dos Santos, sie ist fünfzehn Jahre alt, mit Mutter und drei Geschwistern aufgewachsen in der Favela Sumaré. In unserem Schutzprogramm ist sie seit vier Monaten." Alle Angaben hat die Sozialarbeiterin gerade erfunden. Wahr ist, was Debora zu erzählen beginnt.

Die Geschichte nimmt ihren Anfang vor einem halben Jahr auf einem Baile Funk, einer der großen Partys, die an Wochenenden in Favelas gefeiert werden. Man spielt Funk Carioca – einen bretthartten Elektrobeat, über den schwarze MCs mit ihrem Sprechgesang häufig die Gewalt verklären – im Bandenkrieg und beim Sex. Sie besingen, was in der Favela Alltag bedeutet.[1] Dazu wird lasziv getanzt und mit Drogen gehandelt. Auch Jugend aus der Oberschicht ist gern mal Gast auf einem Baile Funk, um die wollüstige Stimmung zu erleben und sich mit Koks für den nächsten Monat einzudecken. Auf so einem Baile Funk also lernt Debora einen Jungen kennen. „Was hat dir an ihm gefallen?" „Weiß nicht", sie überlegt. „Er war hübsch, konnte gut tanzen." Pause. „Er hat mich zum Lachen gebracht." Der Typ, ein bisschen älter als das Mädchen, kommt nicht aus Sumaré, sondern aus der Nachbar-Favela und macht dort gerade Karriere als Drogenhändler. Debora ist immer öfter bei ihm drüben. „Und die Schule?" „Bin ich nicht mehr hingegangen." „Und deine Mutter?" „Hat geschimpft, darum bin ich kaum noch nach Hause gegangen." Debora findet eine Freundin in der Nachbar-Favela, kann bei ihr einziehen und verbringt tolle Nächte bei ihrem Freund. „Warum ist es zu Ende gegangen?" „Weil in einer Nacht die Polizei kam."

Das Mädchen lassen die Polizisten laufen, der Drogenhändler kommt nicht mehr lebend aus seinem Haus.

Das ist die Nacht, in der Debora zum letzten Mal mit ihrer Mutter telefoniert hat. „Was hast du gesagt?" „Dass ich eine Weile drüben bleiben muss und nicht nach Hause kann, damit die Facção nicht denkt, ich sei abgehauen." „Warum sollten sie das denken?" „Könnte sein, dass ich X9 (Verräter) wäre und meinen Freund an die Polizei verraten hätte." Was Debora als Gefahr erahnt, hat der Boss längst beschlossen: Das Mädchen aus der anderen Favela ist schuld an dem Polizeiüberfall, und falls nicht, könnte sie immer noch zu viele Interna ausplaudern. „Queimar o arquiro" nennt man das, was in solchen Fällen üblich ist, das Archiv verbrennen.

Der Drogenboss einer Favela ist ein Despot – Gesetzgeber, Richter und Polizeigewalt in einem und selten über dreißig Jahre alt. Er macht die Gesetze und entscheidet, wie derjenige bestraft wird, der sie bricht. Leichthin urteilt er über Leben und Tod, im Wissen, dass auch sein eigenes Leben nicht lange dauern wird. Solch ein Leben an der Spitze der Facção währt mit Glück ein paar Jahre, bis irgendwann eine Kugel trifft. Dann steht der Nächste oben.

Die üblichen Strafmaße eines Drogenbosses sind: Verrat – Todesstrafe, Diebstahl – Todesstrafe, Verweigerung der Mitarbeit – Folter, Auftrag schlecht ausgeführt – Folter, wiederholtes oder schweres Versagen – Todesstrafe. So gilt es in fast allen Favelas. Willkürlicher entscheidet der Despot bei Vergehen wie Gewalt unter Eheleuten, Verzug bei der Rückzahlung von Schulden, Hören der falschen Musik (zum Beispiel einen Funk, der ein gegnerisches Kartell verherrlicht), Tragen der falschen Kleidung (zum Beispiel rote Kleidung, die an das gegnerische „Comando Vermelho", das rote Kommando erinnert), Kochen des falschen Essens (aus demselben Grund sind in manchen Favelas Spaghetti mit Tomatensoße verboten), Benutzen der falschen Ausdrücke (Wörter, die dem Drogenboss nicht gefallen, setzt er auf den Index). Für solche Gesetzesbrüche sind

Prügel das mindeste Strafmaß, häufiger sind Foltermethoden wie Verbrennungen, Abtrennen von Gliedern, Strangulieren.

Debora, so entscheidet der Boss, soll den Tod ihres Freundes mit dem Leben bezahlen. Die Schergen sind schon losgeschickt, sie zum „alto do morro", zum Kamm des Hügels zu holen. Nur der Hilfe ihrer Freundin verdankt es Debora, dass ihr Leben nicht in einer „micro-onda" (Mikrowelle) endet. So nennt man es in Rio, wenn Menschen in einen Stapel Autoreifen gepackt werden, mit Benzin übergossen und angezündet. Wenn es vom Alto do Morro nach verbranntem Gummi stinkt, weiß jeder in der Favela, dass dort ein Mensch sein Leben lässt.

Wie Debora die Flucht aus der bewachten Favela gelang, wie sie ins Schutzprogramm gefunden hat, bleibt ihr Geheimnis. Ebenso ihr jetziger Wohnort, den nicht einmal ihre Mutter kennt.

Da sitzt sie vor mir, verhuscht, diese andere Welt, die auch Rio ist. Eine Fünfzehnjährige, mit der diese Stadt schon tausendfach härter umsprang, als ich es je erleben werde. Fast ängstlich schaut sie auf mein Mikrofon. „Was wünschst du dir?" „Dass ich irgendwann wieder mit meiner Familie leben kann."

Die Sozialarbeiterin erzählt später von Kindergärten, die als Drogenversteck missbraucht werden, sie wirken so unverdächtig. Bevor die Erzieher die Kinder morgens reinlassen, fegen sie die Koksreste aus der Nacht zusammen. Der Facção die Räume verwehren? Wäre Verweigerung der Mitarbeit – Todesstrafe.

Sie spricht über verzweifelte Eltern, die es einfach nicht schaffen, ihre Kinder vor der Drogenszene zu schützen. Zu cool, zu omnipotent erscheint die herrschende Gang, zu verlockend das bisschen Geld, das für die niederen Ränge abfällt. Sie erzählt von Achtzehnjährigen oder Elfjährigen, denen sie und ihre Kollegen helfen, und von vielen, die ihre Hilfe nicht erreicht. Die einfach verschwinden, auf dem Alto do Morro.

Und selbst wenn es einen Leichnam gibt und Beweise für ein Verbrechen, ist der Gang zur Polizei ein unkalkulierbares Risiko. Weil die schlecht bezahlten Polizisten oft korrupt sind. Weil die vielen Korrupten am liebsten wegschauen und sich das Wegschauen vom Drogenboss bezahlen lassen. „Das Erste, was Polizisten machen, wenn sie einen Drogenhändler gefasst haben, ist, von der Facção Lösegeld zu kassieren. Zuerst für seine Freilassung und dann für den Namen desjenigen, der ihn bei der Polizei gemeldet hat", sagte neulich in einem Artikel eine Frau, deren Bruder erschossen wurde, dreizehn Jahre alt.

1985 endete die Militärdiktatur, doch anderthalb Millionen Cariocas leben noch heute unter einer Gewaltherrschaft. So viele wohnen nach Schätzungen in Rios Favelas, deren Zahl bei tausend liegen soll. Unter der Willkürherrschaft lokaler Gangs, die einem der drei Kartelle angehören, dem „Comando Vermelho" (Rotes Kommando), den „Amigos Dos Amigos" (Freunde von Freunden) oder dem „Terceiro Comando Puro" (Drittes Kommando).

Die Einzigen, die es mit den Drogenkartellen aufnehmen, sind Milizen. Diese Gangsterbanden, an deren Spitze oft korrupte Polizisten stehen, sind noch brutaler und haben besonders im Westen Rios einige Drogengangs aus ihren Favelas vertrieben. Die Schießereien im Kampf um die Herrschaft sind bei den Bewohnern besonders gefürchtet, oft kann man sich tagelang kaum aus dem Haus trauen. Hat eine Miliz eine Favela übernommen, verdient sie ihr Geld mit Schutzgelderpressung, kassiert also direkt bei den Bewohnern.

Es herrscht ein Krieg in Rios Favelas, gespeist aus der Weigerung des brasilianischen Staates, Geld dafür auszugeben, dass alle Brasilianer in Freiheit und Sicherheit leben können. Sehr viel Geld würde das kosten, Geld, das Brasilien hat. Dass es nicht passiert, kostet Menschenleben.

Manche meiner Freunde sagen, der herrschenden Klasse sei es ganz recht, so wie es ist. Wer so unter Druck steht, dass er täglich um sein Leben fürchten muss, geht nicht auf die Straße. Keine Demos für soziale Gerechtigkeit.

Dass an der Spitze der großen Kartelle ganz andere Leute das richtige Geld machen, wurde mir neulich klar, als ich über ein Edelrestaurant, ein paar Straßen weiter, in der Zeitung las. Die Besitzer waren im Flughafen beim Zoll aufgeflogen. Sie hatten kiloweise Koks in Blätterteig eingebacken und versucht, nach Europa auszufliegen. Neben dem Text ein Foto mit aufgeschlitztem Gebäck, aus dem das Rauschgift rieselt. Ich schätze, dass es keinen Monat dauern wird, bis das Restaurant wieder aufmacht. Auf dem Morro stirbt man im Drogenkrieg, auf dem Asfalto wird man reich damit.

Manche meiner Freunde sagen, Brasilien habe schon falsch angefangen, 1888, als die Sklaverei abgeschafft wurde, aber die befreiten Sklaven kein eigenes Land erhielten. Keine Chance, der Armut zu entkommen, schon damals nicht. Und heute sei das, was aus dem Unrecht entstanden ist, unbeherrschbar geworden, habe sich hineingefressen in die Stadt. Tausend Diktatoren aus tausend Favelas vertreiben – unmöglich ohne tausende von Toten. So scheint es, als herrsche eine Art Übereinkunft zwischen den politischen Herrschern und den Herrschern der Favelas: Die einen lassen die Morros in Ruhe und die anderen die Zona Sul.

Reicht mir das? Als Erkenntnis, in der man sich einrichten muss, wenn man in Rio leben will? Reicht mir das als journalistisches Wissen, oder müsste ich jetzt erst loslegen, immer mit dem Ziel, einmal einem der Despoten gegenüberzustehen, zu hören, wie sie reden, zu sehen, welche Gesten sie machen, was ihre Blicke sagen. Tolle Geschichte.

Das könnte ich versuchen. Andere haben das schon vor mir

getan. Celso Athayde, ein Musikproduzent, und der Rapper MV Bill haben einen Film über den Drogenkrieg in Brasilien gedreht. „Falcão" (Falke) heißt er, hatte neulich Kino-Premiere, dann lief er auf Globo-TV mit Werbekampagne. Zum ersten Mal reden die, die man sonst niemals hört.

Das kann man machen. Man muss dann bloß wissen, dass die journalistische Distanz einen nicht unverwundbar macht. Verwunden kann vieles, auch wenn man mit fünf Gangstern zusammen in einer Wohnung sitzt und nur redet, Fragen stellt, Antworten bekommt. Wie Celso und Bill es bei einer ihrer Recherchen getan haben, erstmal ohne Kamera.

Die Gangster haben die Waffen an die Wand gelehnt. Sie präsentieren sich. Sie fühlen sich geschmeichelt, wie jeder Mensch, für den sich die Medien interessieren. Einer sagt: „Ich kann euch draußen alles zeigen. Ihr dürft sogar hier im Schlafzimmer filmen." Auf diesen Vorschlag reagieren seine Kumpel unwillig. „Was gibt es denn im Schlafzimmer?", fragt Celso. „Was habt ihr zu zeigen?" Einer bedeutet Celso und Bill rüberzukommen, zur Tür.

Im Schlafzimmer liegen drei Menschen mit Tüten über dem Kopf, an Armen und Beinen gefesselt. Sie stöhnen und zappeln, weil sie gehört haben, dass die Tür aufging, und weil sie wissen, was sie in diesem Zimmer erwartet. Der sichere Tod, noch heute. Tür wieder zu. Weiter im Interview.

Ich glaube, mir reicht das, was ich weiß.

Anmerkung zum Janeiro

[1] Funk Carioca entstand in den 1980er Jahren als eine Variante des Rap, angelehnt an den amerikanischen Sound des Miami Bass. Man braucht einen Drumcomputer, ein Mikrofon und den Kopf voller Reime. Funk Carioca hat wegen der expliziten, oft Gewalt oder Verbrechen verherrlichenden und Frauen demütigenden Texte einen schlechten Ruf. In den Anfangsjahren kam es auf Baile Funks häufig zu Gewaltexzessen, zumeist unter Anhängern rivalisierender Gangs. Später waren es Übergriffe der Polizei, die immer wieder Tote forderten. Mancher gemäßigte Track schafft es ins Radio und verhilft seinem MC zu Ruhm, meist von kurzer Dauer, denn ein Funk-Hit hat selten das musikalische Raffinement, um sich lange zu halten. Den etwa hundert erfolgreichen MCs, fast ausschließlich aus Favelas stammend, stehen geschätzte 30 000 gegenüber, die vom Erfolg eines DJ Marlboro träumen. Marlboro, der wohl international bekannteste Star des Funk Carioca, wird auch in Deutschland für Sets gebucht. Neben DJ Marlboro gibt es viele Kollegen, deren Texte und Haltung wie seine darauf abzielen, das Selbstvertrauen aller Bewohner der Favelas zu stärken und Gewalt zu verurteilen. Doch das Bild des Funk Carioca prägen andere.

Fevereiro

AUF DIE FRAGE „Leidest du unter Klaustrophobie?" habe ich in meinem bisherigen Leben „Nein" geantwortet. Seit heute sage ich: „Ja. Seit heute." Den ersten klaustrophobischen Anfall meines Lebens hatte ich heute gegen 19 Uhr auf der Rua Farme de Amoedo. Ob ich zum Strand will, ob zur Bushaltestelle Richtung Centro, zum Einkaufen, immer biege ich in die Farme de Amoedo ein. Bog – muss es heißen, denn seit heute ist die Farme de Amoedo als Straße nicht mehr existent, seit heute handelt es sich um eine Nonstop-24-Stunden-Schwulen-Carnavals-Party.

Schon die Woche über war man geschäftig gewesen. Da wurden von den Fenstern im ersten Stock der Eckbar aus Boxen festgeschnallt, da wurden Fässer gerollt, da war was im Gange.

Wo jedoch heute, am frühen Abend des Freitags, innerhalb weniger Stunden über tausend Männer herkamen, um mit Kaltgetränk und ohne Oberbekleidung die Straße komplett dichtzumachen, ist mir ein Rätsel. Schon klar, dass Ipanema der beliebteste Bezirk unter Schwulen ist, am Strand weht die Regenbogenfahne. Aber eintausend! Es bewegt sich nichts mehr auf diesem Straßenabschnitt. Er ist zweihundert Meter lang, und ich habe von der Bushaltestelle bis nach Hause eine halbe Stunde gebraucht. Nach zehn Minuten hatte ich den eigenen Anspruch abgelegt, beim Drängeln höflich zu sein, eingekesselt von nackter Haut. Ich wollte raus aus diesem Menschenteig, der sich nur als Ganzes zu bewegen schien, dabei beschallt von Achtzigerjahre-Sound und Vocal-House. Als ich aus dem Teig heraustrat, hatte ich ein Bier über dem T-Shirt und ein Zigarrettenloch im Rock. Eine Nachbarin sagte, das bleibe jetzt so bis Aschermittwoch.

Ich bin mir darum nicht mehr so sicher, was ich von unserer Planung halten soll, am Sonntag mit Carolina und Dora ins Sambódromo zu gehen, zum Wettkampf der „Escolas de Samba", der Sambaschulen. Doch Carolina läuft selber bei der Escola „Salgueiro" mit und probt dafür seit Monaten. Wir müssen da hin.

In der Metro Richtung Sambódromo sitzt uns eine Pflaume gegenüber. Sie ist ein er, trägt ein bläulich glänzendes Kostüm, aus seinem grünen Hut wächst mittig ein brauner Stängel in die Höhe, grün schimmernde Blätter kleben an der Schulter und viel Polstermasse um den Bauch, damit die für Pflaumen typische ovale Form zustande kommt. Da er sich angeregt mit seiner völlig normal gekleideten Sitznachbarin unterhält, entgeht ihm zum Glück, wie ich ihn anstarre. Die Pflaume steigt am „Praça Onze" aus, genau wie wir.

Für das letzte Stück bis zum Treffpunkt haben wir uns ein Taxi genommen, das seitdem Schritt fährt, weil die ganze Straße mit Themenwagen der Sambaschulen zugeparkt ist: Soeben passieren wir einen etwa drei Stockwerke hohen und fünfzehn Meter langen Leoparden, komplett mit Fell beklebt.

„Habt ihr euch Brote geschmiert?", fragt Carolina, als wir sie und Tánia mit einer Handvoll weiterer Freunde an der nächsten Ecke treffen. „Oi?" (Hä?), frage ich, und Dora antwortet für alle: „Egal, wir haben so viel zu essen dabei. Wir füttern euch mit durch." Carolina lässt mich einen Blick in den 100-Liter-Müllbeutel mit ihrem Kostüm darin werfen. Ich sehe nichts als weißen Tüll, aber hundert Liter kommt hin. „Wie lange dauert denn der Umzug?", frage ich betont nebenbei, als wir den Eingang zu unserer Tribüne erreichen. Carolina kauft einem Schwarzmarkthändler gerade für Ralf und mich Karten ab, offiziell ist alles ausverkauft. „Also eine Parade dauert 82 Minuten, das ist streng geregelt", erklärt Dora, „Heute treten sechs Sambaschulen auf, mal 82, mit Pausen ... Ihr seid zum Frühstück morgen zuhause." „Ich türme um ein Uhr durch ein

Toilettenfenster", murmelt Ralf. Doch die Cariocas versichern, dass man ungestraft jederzeit gehen darf. „Aber nicht vor 2.30 Uhr!", bestimmt Carolina. „Da bin ich nämlich mit Salgueiro dran."

Wir betreten das Sambódromo, eine siebenhundert Meter lange Betonpiste, zu beiden Seiten von Tribünen gesäumt.[1] Noch während wir unsere Plätze suchen, startet am Anfang der Piste die erste Schule. Wir sitzen am Ende, in siebenhundert Meter Entfernung erkennen wir nichts außer, dass der erste Themenwagen irgendwie grün ist.

Der „Samba enredo" klingt gedämpft herüber. Er wird jedes Jahr von den Sambasachulen für den Carnavalszug komponiert und setzt das Thema, das man sich für die Parade ausgedacht hat, musikalisch um. Da die Sambaschule die folgenden 82 Minuten lang nonstop dieses Lied singen wird, bleibt ausreichend Zeit, die Komposition zu würdigen. Nach einer Viertelstunde hat sich die Distanz zwischen uns und dem Samba-Zug auf fünfhundert Meter verringert. Tánia gibt die ersten Stullen aus. Nach einer halben Stunde ist der Zug auf zweihundert Meter herangenaht. „Wenn die weiter so lahm sind, schaffen sie es nie, mit allen in 82 Minuten durch zu sein", frohlockt Carolina, denn ein Carnavalszug zählt rund viertausend Teilnehmer. „Das gibt Punktabzug!"

Dann ist der erste Wagen bei uns, eine Schlange. In ihren geringelten Körper sind Podeste eingelassen, auf denen Mulattinnen in knappen Kostümen tanzen. „Die kommen ins deutsche Fernsehen", sage ich zu Carolina. Vor dem Wagen krabbelt eine riesige Herde Käfer – Männer und Frauen in goldbraunen, etwas unvorteilhaften Verkleidungen, die wild durcheinanderspringen. Das Thema des Umzugs ist die Wunderwelt der Tiere, und nach einem mindestens dreihundertköpfigen Bienenschwarm sowie einem Feld feuerroter Dahlienblüten in Menschengestalt folgt der nächste Wagen – eine Wiese voller Lilien und gigantischer Insekten, bei den Fliegen kann man sogar die Facettenaugen sehen. Ich möchte mich nicht mit Rheinländern anlegen, aber mit den niedlichen Pappmaché-Basteleien deutscher Karnevalsumzüge hat das hier ziemlich genau gar nichts gemein. Eher mit den Kulissen einer Musical-Produktion, nur dass hier heute Nacht sechs Musicals aufgeführt werden, jedes Mal mit mindestens fünf dieser größenwahnsinnigen Themenwagen und mehreren tausend Tänzern. Für diese 82 Minuten auf dem Laufsteg haben sie seit Monaten geprobt und ihr Kostüm selbst bezahlt. Viele sparen es sich vom Munde ab. Angesichts der Feinarbeit, der Perfektion und der schieren Menge an Begeisterten muss ich sagen: „Irre. Das ist wirklich irre."

Um 2.30 Uhr startet die dritte Sambaschule. Carolina ist in der vierten, muss nun runter zur Aufstellung, befreit uns jedoch zuvor von dem Zwang auszuharren, bis sie um etwa 4.30 Uhr an unserer Tribüne vorbeikommen wird. Ich bin schon jetzt gespannt, welche der zwölf Schulen, die sich über zwei Nächte verteilt miteinander messen, von der Jury am Aschermittwoch zur Siegerin gekürt wird.

Der Wecker klingelt. Dienstag, 6.30 Uhr. „Nicht dein Ernst", sagt Ralf. „Nicht dein Ernst, dass wir uns jetzt eine Perücke aufsetzen sollen, nach Santa Teresa fahren und dort bei einem Bloco mitlaufen. Sag nicht, du bist irgendwie in Stimmung." „Null", sage ich. „Aber wir sind mit Lúcia verabredet. Und die sagt ‚Céu na Terra' (Himmel auf Erden) ist der tollste Bloco von Rio. Und er läuft um acht Uhr los. Ich setz Kaffee auf."

Ipanema schläft noch, wir können sogar die Farme de Amoedo runtergehen. Vierzig Schwule haben ausgeharrt, wirken jedoch angeschlagen. Ipanema ist angenehm im Carnaval. Immer mal läuft ein Bloco mit Pritschenwagen vorneweg und tausend Mann dahinter die Küstenstraße runter, man schaut kurz auf und bleibt einfach am Strand liegen.

Im Bus ist niemand verkleidet, Ralf und ich haben uns geeinigt, die beiden bunten Perücken erst mal in einer Tüte zu verstecken. Kurz vor Lapa müssen wir raus. „Wir möchten bei ‚Céu na Terra‘ mitlaufen", erzählen wir dem Taxifahrer. „Keine Ahnung, wo er startet, aber er endet am ‚Largo das Neves'." „Tá bom", sagt der Taxista. „Dann fahren wir dem Bloco entgegen." Wir arbeiten uns die schmalen Pflasterstraßen hinauf, von alten Häusern flankiert, die ihre wagemutigen Erbauer in den steilen Hang gehauen haben. Bald kommen mir Zweifel, ob wir auf der richtigen Strecke sind. Und irgendwie kann ich mir auch nicht vorstellen, dass hier morgens um acht Uhr ein Carnavalszug um die Ecke biegen soll. Dann biegen wir um die Ecke: Hundert Meter entfernt kommt uns eine Horde Menschen entgegen, an der Spitze blitzen Trompeten und Posaunen in der Sonne, dahinter unzählige bunte Köpfe. „Macht schnell, ich muss weg, bevor die hier sind. Sonst komme ich nie wieder raus", sagt der Taxista. Wir sichern uns einen Ausguck auf einer Treppe, und bald erreicht uns der Klang der Hörner.

Poxa – wie schade. Hätte ich das geahnt, dann hätte ich meine Posaune aus Berlin mitgebracht. Was die Blechbläser hier spielen, erinnert mich an Bach-Choräle und Volksmusik vom Balkan. Es ist ein „marchinha" (kleiner Marsch) von einfacher Melodie in Moll, zarte Melancholie verströmend. Der Viervierteltakt macht Lust, mit der Musik zu gehen: Hinter den zehn Bläsern laufen dreihundert „foliões" (Gaukler), verkleidet mit bunten Haaren, Tiermasken, riesigen Hüten, verrückten Gewändern, die man hier „fantasia" nennt. Sie singen, schlagen den Takt auf Töpfe, schwingen Rasseln, tragen Kinder auf ihren Schultern. „Da ist Lúcia!", rufe ich, als die Bläser schon vorbei sind. Wir steigen die Stufen hinab, um uns einzureihen in das Getümmel. „Gib mir mal die Tüte", sagt Ralf. Als ich das nächste Mal gucke, hat er blaue Haare.

„Aí, querida!" (meine Liebe), ruft Lúcia von der anderen Straßenseite herüber, wir schlängeln uns durch die Menge.

Sie hat Teufelshörner und drei Freunde im Schlepp. „Die Posaunen spielen ‚O abre Alas‘, das ist der älteste Carnavalsmarsch von Rio. Über hundert Jahre alt“, erklärt mir Lúcia, denn der Bloco spielt immer noch dasselbe Lied. „Ich sag dir den Text.“

So gehen, laufen, stehen, hüpfen, singen, tanzen wir durch Santa Teresa, alle zwanzig Minuten stimmen die Bläser einen neuen Marchinha an. Mit jeder Minute steigen die Temperatur und die Zahl der Teilnehmer, schon spüre ich überall schweißnasse Haut an meiner. Und dann wird es von oben nass. In einer engen Passage, wo sich zwei Häuschen gegenüberstehen, halten die Bewohner von ihren Balkonen aus Gartenschläuche in die Menge. Während die Musiker sich beeilt haben, durch den Guss zu kommen, will sich danach keiner mehr von der Stelle bewegen. Wir singen den Wohltätern ein Ständchen, reißen uns die juckenden Perücken vom Kopf, recken die Arme. Dann lassen wir uns von den Foliões hinter uns weiterschieben. Als die Straße ansteigt, kann ich beim Blick zurück das Ende des Blocos nicht sehen. Er hat kein Ende mehr.

„Doch keine schlechte Idee, schon um acht Uhr morgens zu beginnen“, sage ich, als wir mittags ermattet am „Largo das Neves“ ankommen. „Sie müssen das so machen“, erklärt Lúcia, „vor zehn Jahren sind wir mit hundert Leuten hinter der Musik herspaziert. Aber inzwischen ist ‚Carnaval de Rua‘ (Straßenkarneval) in Rio wieder so beliebt, dass der Andrang anders nicht zu bewältigen wäre. Manche Blocos ändern fünfmal ihre Startzeiten, damit nicht so furchtbar viele Leute kommen.“

„Heute Abend um 19 Uhr läuft noch ein Bloco durch das Centro“, rufe ich vom Computer aus Richtung Küche, wo Ralf gerade unser Stammgericht, Riesengarnelen in Limonen-Knoblauch-Sud, brät. Ich hab ein Carnavals-Forum im Internet entdeckt, die Infos scheinen verlässlich. Die „Escravos de Mauá“

sind schon letzte Woche gelaufen, da waren wir verreist. „Dann fahren wir nach dem Essen wieder los", kommt die Antwort aus der Küche.

Abends auf der Avenida Rio Branco. Der Samba tönt aus schlechten Boxen auf einem Pritschenwagen. Aber die Hauptverkehrsstraße durch das Centro, sonst vierspuriger Schauplatz eines Dauerstaus, ist rappelvoll mit singenden, klatschenden, tanzenden, schwitzenden Foliões. Zwischen den Hochhäusern stauen sich Hitze und Schall und geben unserem Zug etwas Martialisches. Die Gaukler erobern die Stadt. Der Caipirinha ist spottbillig, inmitten des johlenden Blocos hüpfen wir wie berauscht hinter der Musik her und nehmen gar nicht wirklich wahr, was jeder als Erstes feststellen würde: Wir sind die einzigen Weißen.

„Kamst du dir komisch vor?", fragt Ralf. Wir sitzen auf einer Bank am pompösen Stadttheater, schöpfen Atem nach vier Stunden Tanz auf der Straße. „Eigentlich nicht. Ich hatte das Gefühl, dass es die Schwarzen auch nicht komisch fanden." Keiner findet so etwas komisch in Rio, keiner hat etwas gegen den anderen. Und trotzdem liefen heute Morgen tausend weiße Cariocas durch Santa Teresa und heute Abend tausend schwarze Cariocas durch das Centro.

Vermutlich aus demselben Grund, weshalb mich in acht Monaten in Ipanema niemals ein schwarzer Kellner bedient hat. Die Schwarzen stehen nur in der Küche. Und weshalb unser studierter Sprachlehrer über Favelas sagt, die Leute da sollen erst mal Steuern zahlen.

„Tá bom, ihr seid in Rio alle mit allen befreundet und immer nett zueinander, aber trotzdem geht doch eine Mauer durch diese Stadt, zwischen Reich und Arm. Oder nicht?" Es ist ein Uhr morgens in Ipanema, ich sitze mit Lúcia und João in einer Bar, bei Chope Gelado und Bolinho de Bacalhau, João hat seit einer Stunde Feierabend. „Weißt du, Frauk, in der Zona Sul sind nicht wenige der Meinung, dass Armut und Reichtum sich nicht gegenseitig bedingen, dass sie nichts miteinander zu tun haben", antwortet João. „Sie sehen das Elend und finden aber nichts dabei." „Exatamente", sagt Lúcia. „Du hast doch selbst ein Dienstbotenzimmer ohne Fenster in deinem Apartment. Das ist nicht historisch, entendeu? Wenn wir jetzt hier auf dieser Ecke in die Wohnungen gehen, werden wir in so mancher Kammer ohne Fenster die schlafende Empregada finden."

Anmerkung zum Fevereiro

[1] Das Sambódromo, von Oscar Niemeyer entworfen, wurde in den 1980er Jahren gebaut, um am Carnaval Geld zu verdienen. 80 000 Gäste kommen unter, das Fernsehen überträgt live das von Brauereien gesponserte Spektakel. Obwohl das Anarchische des Straßencarnaval dem Kommerz gewichen ist, begeistern sich die Cariocas noch immer für den Wettstreit der Sambaschulen. In Sonderbeilagen der Zeitungen wird Abseitigstes breitgetreten, werden die Schönheiten des Zuges zu Stars gemacht. In zwei Nächten, von Sonntag bis Dienstag präsentieren sich die zwölf Sambaschulen der „Grupo A" (erste Liga), unter ihnen traditionsreiche Schulen wie Salgueiro, Vila Isabel und Mangueira. Sie sind in der Zona Norte beheimatet, zumeist in Favelas. Kurz nach Aschermittwoch beginnen die Sambaschulen mit der Planung für den nächsten Carnaval.

Marzo

„I̶m B̶us̶ w̶ärt ihr s̶chneller", sagt Jaime, während sein
Kleinwagen sich eine Steigung hinaufmüht. Erst haben wir
eine Ausfallstraße durch die Zona Norte genommen, deren
Wellblech-Backstein-Monokultur jeden Tag ein paar Quadratmeter mehr von Rios Hinterland besetzt. Nun ist es grün und
hügelig um uns herum.

Wir unterhalten uns über das Buch, das mir Jaime zum
Geburtstag geschenkt hat, und dann über den Auftrag, für den
Ralf und ich nach São Paulo wollen, eine Reportage über den
Zuckerrohranbau. Jaime nimmt uns mit, er hat dort für Globo
zu tun.

Plötzlich schaut er nach rechts und scheint etwas zu suchen. „Entschuldigt, ich muss kurz gucken. Hier muss es gewesen sein." „Was war hier?", fragt Ralf. „Ich weiß nicht, ob ich
euch das erzählen sollte."

Es war eine andere Fahrt nach São Paulo, vor einigen Jahren nachts, als Jaime an einer Baustelle das Tempo drosselte,
der Wagen hinter ihm aber nicht. Auffahrunfall. Kein großes
Thema, beide rechts ran, der Typ steigt aus, kommt zu Jaimes
Auto ans Fenster. Er trägt eine Polizeiuniform. „Wir hatten keinen Unfall, und du hast mich nie gesehen", sagt er. „Na ja, du
bist mir hinten reingefahren, den Schaden möchte ich schon
bezahlt haben", sagt Jaime. Dann spürt er den Pistolenlauf,
der ihm seitlich gegen den Kopf drückt. So nah neben seinem
Ohr, dass er auch den Abzug hören kann, als er nach hinten
geht. „Was hast du in dem Moment gedacht?", frage ich Jaime.
„Kurios, nicht wahr? Dass man immer noch irgendwas denkt.
In jeder Situation. Aber nichts Tolles. Ich hab gedacht: Das
war's."

Der Typ hat abgedrückt, aber es löst sich kein Schuss. Für einen Augenblick ist der Uniformierte genauso perplex wie Jaime. Dann rennt er zurück zu seinem Auto und rast davon in die Nacht. „Ich fasse es nicht. Jaime, der Typ hatte beschlossen, dir das Leben zu nehmen? Wegen eines Auffahrunfalls?" „Ja", sagt Jaime. „Der steckte vielleicht mit anderen Geschichten schon so tief in der Grütze, dass er dachte, diese bricht ihm das Genick." Wir schweigen. „Vielleicht dachte er auch gar nichts", sagt Jaime, „Vielleicht hatte er einfach keine Lust auf Debatten und seine Dienstwaffe dabei." Ich habe das Gefühl, als drücke dieses Erlebnis zentnerschwer auf das Auto. „Hattest du sein Kenzeichen gesehen?", fragt Ralf. „Wenn ich sein Kennzeichen gesehen hätte", antwortet Jaime, „hätte ich alles getan, um es zu vergessen." „Nossa, und jetzt erzählst du uns diese Geschichte, und nebenbei fahren wir genau die Strecke, an der du beinahe gestorben wärst. Das ist total irre." „Genau", sagt Jaime, „das ist total irre. Aber so irre ist Brasilien. So irre wird ein Land, das Erste Welt spielen will, aber glaubt, es brauche kein Sozialsystem, das von Korruption durchdrungen ist, in dem du dir Recht kaufen kannst. Kaufen musst, weil du es sonst nicht bekommst." Wir schweigen. Dann lacht er. „Und das hier ist nun mal der schnellste Weg nach São Paulo."

Kann es sein, dass diese Stadt kein Ende nimmt? Seit einer Stunde fahren wir aus São Paulo heraus, nach vier Tagen Zuckerrohr-Recherche auf dem Weg zum Flughafen. São Paulo, die Mega-Stadt. Mitten in ihrem Zentrum steht ein golden geschwungener Niemeyer-Bau, das Edifício Copan: 35 Stockwerke, 20 Aufzüge, 2000 Bewohner, eigene Postleitzahl. Als wir von dort über die Stadt schauten, sahen wir urbane Endlosigkeit.

Nun sind die Wolkenkratzer Baracken gewichen. Seit zwanzig Minuten führt uns die Autobahn an Bruchbudenlandschaft entlang, bis zur nächsten Anhöhe, hinter der jedes Mal von Neuem ich nun endlich freies Feld erwarte. Stattdessen: ein weiteres Tal, vom Elend besiedelt. Bretterverschläge, Müll dazwischen, Müll am Rand, Müll überall, ereignisloses Miteinander auf der Straße. Und irgendwann vor uns der Flughafen, groß und grau.

„Willst du dich schon am Check-in anstellen, und ich bring den Mietwagen weg?", fragt Ralf, und es gibt keine andere Wahl, denn wir sind knapp dran. Noch eine Stunde Zeit bis zum Abflug nach Rio.

Verworrenes Gelände, etliche Parkebenen, kein Hinweis auf die Autovermieter. „Lass mal, ich find das schon", sagt Ralf, „Check-in ist dringender." Ich nehme den Rucksack. „Dann treffen wir uns am Schalter."

Eine halbe Stunde warten, bis ich an der Reihe bin. „Und wo ist Haufi?", fragt die Frau am Schalter, Ralfs Ticket vor sich. „Der wollte den Mietwagen wegbringen. Ist das schwierig zu finden?" „Wenn er sich nicht auskennt, ja", sie gibt mir unsere Bordkarten. „Ihr müsst euch beeilen, entendeu?" „Ich rufe ihn gleich an", sage ich.

„Amor mobil" drücke ich ins Display, höre den Rufton, es klickt. Stimmen im Hintergrund, Unruhe. „Eh", sagt eine Stimme ins Telefon. Ich kenne diese Stimme nicht. „Quem é você? O que está fazendo com o celular do Hauf?" (Wer bist du? Was machst du mit Ralfs Handy?) Es pustet ins Telefon, Lachen, Männerstimmen im Hintergrund. „Aííí, o Hauf!", spuckt die Stimme durch die Leitung. „O Hauf. É seu marido?" (Aaah, der Ralf. Ist dein Mann?) „É, sim", antworte ich. „Was machst du mit seinem Handy?" „Aííí, o Ralf é seu marido." Die Leitung rauscht, ich versteh den Typen kaum, er kaut die Worte ins Telefon. „Olha só, é um filho de puta, seu marido. Tá ligado? Vou matar ele." (Der ist ein Arschloch, dein Mann. Checkst du's? Den bring ich um.)

Mein Leben kommt geräuschlos zum Stehen. Noch eben handelte es von einer leichten Bedrückung, die aber schon begann einer Vorfreude auf unser Zuhause zu weichen. Es spielte in der Abflughalle, zwischen anderen Leuten, die Koffer aufgaben, zum Gate hasteten. Die Leute machen weiter, ich sehe sie, sehe, wie ihr Leben weiter geht. Meins steht.

Ralf. Der sich irgendwohin verfahren hat an diesem widerlichen Flughafen in dieser widerlichen Gegend. Umringt von fünf Jungs, vielleicht sprangen sie plötzlich hinter einem Auto hervor, in einem verlassenen Parkdeck? Rissen die Fahrertür auf und hielten ihm die Pistole an die Schläfe.

„Vou matar ele", sagt er. Tu das nicht, bitte, sage ich. „Por favor, não faça."

Jaime hat recht, man denkt immer etwas. Ich denke, wie mein Leben ohne Ralf sein würde. Wenn es das andere nicht mehr geben sollte, das Leben, das ich gedacht hatte, morgen weiterzuleben, und in zwanzig Jahren auch noch. „Não faça, por favor. Não faça", sage ich wieder. „Aí, que pena" (Wie schade), lacht die Stimme, schnaubt ins Telefon. Andere Stimmen lachen dazu, rufen irgendwas. „Vai morrer o seu marido. Tá ligado? Vai morrer. Agora." (Dein Mann wird sterben. Checkst du's? Er wird sterben. Jetzt.)

Ich sehe Ralf in einer Ecke kauern, die Jungs um ihn rum mit der Knarre fuchteln, die Augen glasig vom Koks. Vielleicht nervt sie sein Flehen. Oder sein deutscher Akzent. „Não mata ele", ich weiß nichts anderes zu sagen. „Vai morrer", speit die Stimme, wie sie es vielleicht früher schon etliche Male gespien hat, bevor ein Finger den Abzug nach hinten zog. Und eine der unzählbaren Randnotizen produzierte, die ich in der Zeitung lese. Zwanzig Zeilen. Junger Mann bei Überfall getötet. „Vai morrer, o filho de puta." „Não faça." Was könnte ich sonst sagen? Was müsste ich sagen? Klick macht die Leitung. Aufgelegt.

Ich laufe los. Da stehen ein paar Stewards und Stewardessen zusammen, in orangefarbenen Uniformen. „Desculpe", sage ich und höre, wie mir die Angst in die Stimme fährt. „Mein Freund suchte draußen die Autovermietung. Und kam nicht wieder. Dann hab ich angerufen, die Nummer muss stimmen, sie ist eingespeichert. Da ging ein Typ dran, an sein Handy. Der sagt, er bringt ihn um." Ich halte einem Steward das Handy hin. „Kannst du mit dem reden?" Der Steward nimmt das Handy. „Ist ‚amor mobil' die Nummer?", fragt er. „É, sim", sage ich. Er drückt die Ruftaste. Niemand sagt etwas. Alle blicken ihn an.

Der Stewart zuckt, und ich weiß, dass er ihn dran hat, dass der Typ redet. „Peraí, mermão. Calma, calma", sagt der Stewart. (Warte, Kumpel. Ganz ruhig.) Dann hört er zu. „Calma", sagt der Stewart wieder. „Ich bin ein Freund. Hör zu, tu dem Mann nichts, okay?" Aufgelegt.

„Olha só, mit dem Typen kann man nicht reden. Lauf zur Polizei. Hier links den Gang rein, dann ist es gleich die erste Tür." „Obrigada", ich renne los. Eine Polizistin sitzt am Schreibtisch, meine Stimme flackert. „Warte mal", sagt die Polizistin. „Wo ist dein Handy freigeschaltet worden?" „In Rio." „Und das deines Mannes?" „Auch in Rio." „Olha, du hast jetzt von São Paulo aus angerufen. Da hättest du die Vorwahl von Rio mitwählen müssen. Wenn du die eingespeicherte Nummer gewählt hast, hattest du ein anderes Handy dran, eins von hier. Verstehst du, da hat jemand einen schlimmen Scherz mit dir gemacht. Wähl mal per Hand, mit der 21 vorweg, für Rio."

Kann das sein, genau das, was ich für unmöglich hielt: ein Irrtum? Ein falsches Handy. Kann es sein, dass ich gleich Ralf wiedersehe? Dass er drin bleibt in meinem Leben, das gleich weitergeht, und morgen, und in zwanzig Jahren auch noch? Es klickt. „Frauke, wo bist du? Ich komme grad zum Check-in. Ich glaube, wir müssen rennen."

Eine Stunde Flug nach Rio. Als unsere Maschine landet, höre ich zum ersten Mal auf zu weinen.

Wenn man an die Falschen gerät, ist es nicht viel wert, so ein Menschenleben in Rio oder in São Paulo oder in Belo Horizonte oder in Manaus. Ganz egal.

Darum haben die Stewards und Stewardessen am Flughafen nur ihren Kollegen angeschaut und mein Telefon und nichts gesagt. Nicht gesagt: „Mädchen, das kann nicht sein. Die erschießen doch nicht deinen Freund. Einfach so. Da will dich nur jemand erschrecken." Eben das, was man in Deutschland sagen würde. Was ich in Deutschland gedacht hätte. Hier denke ich das nicht, und hier sagt das niemand.

Abril

„RÁPIDO, RÁPIDO (schnell)! Bis ihr zehn Runden gelaufen seid, hab ich Hautkrebs!" Die Morgensonne brennt, der Trainer blökt quer über das Volleyballfeld. Achtmal hab ich es schon umrundet und dabei meine Teamkolleginnen mehrfach überholt. Nun. Meine Teamkolleginnen sind Mitte siebzig. „Olham só, tut euch paarweise zusammen, fünfzehnmal pritschen, fünfzehnmal baggern. Wer als Letzte fertig ist, läuft noch zwei Runden."

Der Schweiß brennt mir in den Augen. Dabei wusste ich doch, wie es läuft beim „Vôlei de praia" (Strandvolleyball), habe oft genug aus sicherer Entfernung zugeschaut – selbst in Liegeposition Zeitung lesend. Wie sich die Damen aufwärmten, bis zur Besinnungslosigkeit, um danach mit bewundernswerter technischer Finesse, flankiert von Beleidigungen des Trainers, Vôlei zu spielen, das wusste ich alles. Was tue ich hier?

Da war dieser Tag, vor drei Wochen etwa, Mitte März, als ich mit Rogério telefonierte und er sagte: „Das passt super, Fouk. Wenn ihr Ende April aus meinem Apartment auszieht, kann mein Freund Eduardo die Wohnung direkt übernehmen. Er sucht dringend eine Bleibe in Rio." Ja, das passte super, und es war damit besiegelt, das Ende von „Fouk e Haufi no Hio". Im April. Als ich aufgelegt hatte, stieg mir Wasser in die Augen.

Plötzlich war er in mein Blickfeld geraten und wollte nicht mehr verschwinden, dieser Tag Ende April, der mein Abschiedstag aus unserem Leben in Rio sein würde.

Inventur, sofort. So vieles hatte ich erlebt in elf Monaten Rio, aber was hatte ich mir angeeignet? Was könnte ich im Berliner Leben weitermachen?

Wellenreiten – so gut es eben ging. Ich hatte es nicht jede Woche geschafft, raus nach Macumba zu fahren. Auf dem Wannsee – leider wieder nur *Wind*surfen.

Samba tanzen – dito, den Passo Básico und drei Figuren beherrschten Ralf und ich. Im Semente war Otávio nicht der einzige Carioca, der uns „Vocês dançam bem" (Ihr tanzt gut) zuraunte. Doch in Berlin gibt es keine Szene für Samba als Paartanz.

Portugiesisch – eine Sprache, die mich noch immer herausforderte, in der ich mich aber wohlfühlte und deren Melodie mich immer wieder hinriss. In Deutschland würde Portugiesisch aus meinem Alltag verschwinden.

Bossa Nova – dank des Redaktions-Chores kannte ich zwanzig Bossas auswendig. In Berlin hatte ich noch nichts von einem Bossa-Nova-Chor gehört.

Ein mageres Ergebnis und sechs Wochen Zeit. So entstanden:

Plan a) Ich kaufe mir eine Gitarre und lerne, meinen Gesang zu begleiten.

Plan b) Zusätzlich zum Wellenreiten lerne ich auch noch Volleyball bei den alten Damen am Strand. Berlin wimmelt von Beachvolleyballplätzen.

Mit diesen beiden Beschlüssen fühlte ich mich besser, flankiert von weiteren Vorhaben, wie:

Zuckerhut – in elf Monaten nicht ein Mal oben gewesen. „Haufi, sollen wir heute Nachmittag auf den Zuckerhut fahren?" Tá bom.

Fußball – ein Spiel im Maracaná-Stadion stand noch aus: Also Karten für Vasco oder Flamengo oder Botafogo oder Fluminense gegen sonstwen besorgen!

Niemeyer – wie gern wollte ich Senhor Oscar noch mal treffen, ihn alles fragen, was mir damals nicht in den Sinn gekommen war, aus Nervosität, weil ich kaum Portugiesisch verstand, weil ich sein Rio nicht kannte, das er so liebt. Ich beschloss, am nächsten Tag Sekretärin Vera anzurufen. Ohren zu und durch.

„Alemã! serviço, favor!" (Deutsche! Aufschlag, bitte!), ruft der Trainer. Als ich mich vorletzte Woche vorstellte, war er sich mit der Damenriege sofort einig, dass es in der Anspannung eines konzentrierten Spielverlaufs unzumutbar sei, etwas zu rufen, das sich auch nur so ähnlich anhört wie „Frauke".

Nun gehe ich gemäß Plan (b) zweimal die Woche morgens um neun Uhr zum Vôlei an den Strand, anderthalb Stunden für vierzig Real im Monat, gefördert vom Bürgermeister. Solche „Escolas de Vôlei" (Volleyballschulen) poppen in Ipanema jeden Morgen am Strand auf und werden mittags wieder abgebaut. Meine Damen wohnen in der Nachbarschaft, sind verwitwet oder verlassen und verzichten auf keine Gelegenheit, sich gegenseitig der Lächerlichkeit preiszugeben. Beim Aufwärmen läuft keine außer mir wirklich zehn Runden, beim Match bin ich froh, dass sie mich mitmachen lassen, so viel besser spielen sie Vôlei als ich. „Alemã! Mais para baixo, favor!" (Deutsche! Weiter runter, bitte!) Das Baggern werde ich nie lernen.

Plan (a) läuft geschmeidiger. Am Tag nach meiner Inventur musste ich in die Globo-Redaktion zur Chorprobe und ging vorher direkt in Jaimes Kabine, wo er Polizeifunk abhörte. Funkmäßig war nichts los, Jaime stand bereit. „E aí, meu amor. Fala." (Sprich, meine Liebe.) „Wo kann ich billig eine Gitarre kaufen?" Wir surften eine Weile im Netz, Jaime machte zwei Anrufe, dann bekam ich meine Anweisung: „Rua Visconde Pirajá in Ipanema, der Instrumentenhandel ist in der Passage vorm Kino. Du kaufst eine ‚Michael' für 150 Real. Die klingt ordentlich, und wenn es sie auf dem Flug nach Deutschland zerlegt, ist es auch zu verschmerzen."

Nach der Chorprobe wartete ich auf unseren Chorleiter. „Hélio, kennst du einen guten Gitarrenlehrer?" „Willst du den besten?" Na ja. Ja. „Sou eu. (Das bin ich.) Ich bin verrückt danach, dir …" „Tá bom, Hélio. Wann fangen wir an?"

Vorletzte Woche hatte ich meine erste Stunde und fühlte mich sehr cool, als ich mit Gitarre auf dem Rücken in den Bus zur Redaktion stieg. Wenig später war es mir sehr peinlich, als ich in einer Sitzgruppe mitten auf dem Flur im dritten Stock plötzlich „Garota de Ipanema" singen und dabei Akkorde greifen sollte. Es dauerte etwas, bis ich merkte, dass es niemand der Vorübergehenden auch nur bemerkenswert fand, wie ich auf dem Redaktionsflur Gitarre lernte.

Nun übe ich allabendlich am offenen Fenster. Um bei „Chega de saudade" ein Mal durchzukommen, brauchte ich zunächst zwölf, mittlerweile noch acht Minuten. Jedes Mal, wenn Ralf reinkommt, sagt er: „Spiel doch mal ein *Lied*!"

Das Lokalderby Vasco da Gama: Flamengo im Maracaná-Stadion, von dem wir uns neunzig Minuten Ekstase versprochen hatten, war unglaublich. Zwei Drittel der Plätze leer, in unserer Südkurve herrschten gefühlte fünfzig Grad, auch den Feldspielern schien die Hitze zuzusetzen, jedenfalls brachten sie nichts Erwähnenswertes zustande. Okay, es war der Regional-Pokal. Trotzdem. Möchte man atemberaubende brasilianische Ballkunst bewundern, muss man wohl in Italien oder Spanien ins Stadion gehen.

Für unsere Abschiedsfeier laden wir zum Hefeweizen-Trinken ins „Negro Gato", eine neue Bar und die einzige in Rio mit Weißbier vom Fass, welches als Allererste zu kosten mir unlängst die Ehre zuteil wurde. Ich hatte Flaviano, den Wirt, an einem Sonntag kennengelernt, als ich ohne Ralf im Semente war. Wir plauderten noch, als die Band schon einpackte, und er schwärmte von der Bar, die er in der folgenden Woche in

Lapa eröffnen werde – als einzige in Rio mit Hefeweizen vom Fass. „Olha só, das Semente macht gleich Feierabend. Aber meine Zapfanlage ist schon da! Ich schließe das Fass an, und dann trinke ich mit einer Deutschen das erste Hefeweizen in meiner Bar. Vamu nessa, me faça este favor!" (Auf geht's, tu mir den Gefallen!)

Wir betraten die zur Straße verrammelte Bar durch einen Seiteneingang, und während Flaviano an der Zapfanlage schraubte, kam sein Geschäftspartner dazu, der, von seiner Freundin rausgeschmissen, vorübergehend sein Lager im ersten Stock aufgeschlagen hatte. Das Hefeweizen war köstlich, zum Glück, denn Flaviano hing „E aí? E aí? Fala!" (Und? Und? Sag was!) rufend an meinen Lippen. Ich wusste, unter „Tô morrendo de paixão" (Ich sterbe vor Begeisterung) ging nichts. Für meine Eloge schaltete ich vom Deutschen aus zur Sicherheit *zwei* Gänge hoch, in jedem Satz kam „sterben", „anbeten" oder „Wahnsinn" vor.

Mitten in die gute Laune hinein fragte meine innere Stimme, ob ich noch alle beisammen hätte, mit zwei Brasilianern, die ich seit drei Stunden/seit zwölf Minuten kenne, in einer verrammelten Bar um zwei Uhr morgens Weizen zu saufen. Da ich die Bedenken auch mit meinem Einwand „Aber die sind doch supernett" nicht vollends entkräften konnte, verabschiedete ich mich bald und war ein bisschen erleichtert, durch die Seitentür ins Freie zu treten. Flaviano begleitete mich bis zu den Arcos da Lapa, um sicherzustellen, dass ich heil ins Taxi komme.

Nun sitzen Haufi und ich an einem langen Tisch im „Negro Gato", empfangen Gäste und gute Wünsche und bestellen bei Flaviano immer neue Hefeweizen. Da wir, wenn sich mehr als vier Cariocas miteinander unterhalten, ohnehin nicht mehr folgen können, konzentrieren wir uns darauf, am Rande der Feierlichkeit Abschiedsfotos zu schießen. Es gibt nichts Schöneres, als sich inmitten von Cariocas zu fotografieren. Nicht nur sind sie ungemein fotogen, sondern sie gruppieren sich auch noch in jeder Situation passgenau ins 10 x 15-Format. Sieben Cariocas ordnen sich für ein Foto automatisch: drei oben, vier unten. Und dann strahlen sie. So lange, bis der Akku der Kamera leer ist und darüber hinaus. Wenn sich meine Familie in Ostwestfalen für ein Gruppenfoto aufstellt, witzle ich manchmal: „Und jetzt tut mal so, als würdet ihr euch kennen." Wenn man auf der Straße in Rio wahllos einzelne Passanten greifen, zu fünft zusammenstellen und fotografieren würde, könnte man unter jedes Foto schreiben: „Soeben erfuhren die fünf Sandkastenfreunde von ihrem gemeinsamen Lottogewinn."

Um Mitternacht zieht eine Kerngruppe rüber ins Democráticos, wo die Tanzfläche sich gerade füllt. Zwischen all den anderen Paaren drehe ich mich mit Ralf zur Musik und weiß, selbst wenn wir den Rest unseres Lebens in Berlin verbringen, wird es nicht so sein, als wären wir nie hier gewesen.

Apartment geputzt, unseren Tisch verschenkt, drei Koffer, fünf Taschen und eine Gitarre gepackt, von den Porteiros, den Nachbarn, von Juliana an der Kasse, vom Maiskolbenhändler, vom Zeitungshändler, von allen verabschiedet. Um 18.20 Uhr geht das Flugzeug. Um zehn Uhr hab ich meinen letzten Termin.

„Bom dia", sage ich in die Gegensprechanlage. „Hier ist Frauke. Ich bin mit Senhor Oscar verabredet." Der Türsummer geht.

Abril 2010

„UND DU BIST SICHER? Ich kann da jetzt einfach hoch auf den Morro und in Santa Marta rumlaufen?", frage ich ins Handy. „Sim. Mach dir keine Sorgen. Dir wird nichts passieren", höre ich Lúcia am anderen Ende der Leitung sagen. An der Ecke in Botafogo, an der ich stehe, war vor zwei Jahren für Leute wie mich Schluss. Dort, wo es nach oben ging, vom Asfalto, von den letzten Apartmenthäusern am Ende dieser Sackgasse, hoch in die Favela, auf dem Morro Dona Marta. Jetzt fährt hier eine kleine Zahnradbahn. Zehn Leute stehen vor mir und warten, dass sie an der Talstation eintrifft. Alle zehn sind schwarz. „Wenn du mir Quatsch erzählst, Querida, und ich da oben gleich erschossen werde, hat dein Patenkind keine Mutter mehr", flüstere ich ins Telefon, Lúcia lacht. „Ich weiß, es ist wirklich schwer zu glauben, aber: Glaub mir. Die Favela ist sicher. Fahr hoch."

„Nossa, das dauert", seufzt eine junge Schwarze mit Korkenzieherlocken, die neben mir am Geländer lehnt. „Die Bahn ist schon wieder kaputt. Sie fährt nur bis zur Mittelstation." „Wohnst du hier?", frage ich. „Nein, ich will mir ein Musikprojekt anschauen, für Kinder aus der Favela. Und du?" „Ich schreibe ein Buch über Rio, weil ich hier ein Jahr gelebt habe. Als in Santa Marta die erste UPP an den Start ging, war ich schon wieder in Deutschland. Aber meine Freunde haben mir davon erzählt."

Als Erster mailte Thiago mir einen Artikel, den er selbst über die UPP geschrieben hatte. „Unidade de Polícia Pacificadora" heißt die Abkürzung, friedensstiftende Polizeieinheit. Die erste Friedenspolizei in der Geschichte Brasiliens hat 2009 in

Santa Marta ihr erstes Dienstjahr gehabt. Junge Militärpolizisten, besser ausgebildet und besser bezahlt als üblich, bezogen eine eigene Wache auf der Höhe des Hügels. Mit ihrem ersten Diensttag stoppten die Schießereien, endete das Regime des Comando Vermelho in Santa Marta.

Die Zahnradbahn ist herangezuckelt. Wir steigen ein, niemand bezahlt etwas. „Und nun willst du rauf nach Santa Marta und im Buch darüber schreiben?" „Ja, genau." Ich will wissen, wie es sich lebt, in einer Favela, deren Despot getürmt ist, an deren Hauswänden kein „CV" mehr dem Kartell huldigt.

Auf halber Höhe steigen alle aus, die schwarze Rosália will zur UPP, denn dort läuft das Musikprojekt. Sie fragt zwei Schulkinder nach dem Weg. „Ihr könnt ein Stück mit uns laufen", sagen die beiden. Warum nicht? Ich geh einfach mit. Wir steigen auf schmalen Wegen bergauf, zwischen Hütten hindurch, unter quergespannten Wäscheleinen, an kleinen Müllhaufen vorbei, immer wieder Treppen nach oben. „Jetzt müsst ihr rechts weiter bis ganz nach oben, da ist die UPP", sagen die Mädchen. Ich wage es nicht, sie zu fragen, was sie denn von den Polizisten da oben halten, auf dem Alto do Morro. Genau dort, wo früher die Autoreifen brannten, mit Menschen darin.

Jahrzehntelang gaben Polizisten in Rios Favelas nur eine Vorstellung: Rein – rumballern – raus. Und nun bleiben sie. Santa Marta ist eine Premiere, ein neues Stück. Eine neue Zeit?

Im Internet fand ich einen Blog, der aus den befriedeten Favelas erzählt. Fast täglich stellt der Blogger Fotos ins Netz und berichtet – mal davon, wie die UPP auf einem neu besetzten Morro die brasilianische Flagge hisst, öfter aber von Sportfesten für Kinder, oder wie das mobile Kino in die Favela kam. Den Blogger erkannte ich nicht sofort, denn er hat einen anderen Nachnamen als Andreia. Es ist der Sohn meiner ehemaligen Vermieterin.

Seit dem Start in Santa Marta haben zwölf weitere Einheiten der Friedenspolizei in anderen Favelas ihre Wachen bezogen. Nicht überall überließen die Drogenbanden ihr Revier ohne Gegenwehr. In Cidade de Deus (Stadt Gottes) starben schon acht Menschen bei den Kämpfen zwischen der Facção und der UPP. Doch oftmals lieferten die unteren Ränge ihre Waffen ab, wenn die UPP den Morro besetzte. Dann waren die Drogenbosse schon geflohen, in unbesetzte Favelas der Zona Norte, wo sie nicht willkommen waren. Im Norden werden seit dem Einsatz der UPP noch mehr blutige Revierkämpfe gefochten als zuvor.

Drei junge Männer versperren uns auf der nächsten Treppe den Weg. Sie kämpfen sich mit einem monströsen alten Kühlschrank die Gasse herunter, uns entgegen. „Não deixem cair, por favor!" (Bitte nicht fallen lassen!), rufe ich hoch. „Kommt ruhig weiter, ihr könnt gleich vorbei", rufen sie runter. Der Kühlschrank ratscht über den Beton an die rechte Hauswand, während wir links durch die Lücke steigen, habe ich nur diese eine Frage im Kopf: Wenn wir uns vor zwei Jahren in dieser Gasse begegnet wären, hättet ihr mir eine Waffe an den Kopf gehalten? „Obrigada, gente", sage ich, und Rosália ergänzt: „Ihr quält euch ja hier, ihr Armen!" „Allerdings", sagt einer, „aber ihr müsst nicht helfen." Lachend gehen wir auseinander.

Die Polizeistation ist weiß getüncht mit Blau. Der Polizist am Empfang schickt uns in den zweiten Stock, der aussieht wie eine Musikschule. Instrumentenkoffer übereinandergestapelt, eine Pinnwand mit Probenplänen und Instrumenten, von Kindern gezeichnet. Ein paar kommen herein und packen Geigen aus. Sie sind Mitglieder im neuen Kinderorchester, gleich beginnt die Probe.

„Wir sind schon anderthalb Jahre hier, aber der Graben ist immer noch tief", hat eben ein Polizist gesagt, den ich auf dem Gang angesprochen hatte. Das Orchester, der Kinderchor hier oben in der Wache sollen helfen, den Graben zuzuschütten, zwischen denen, die hier Streife laufen, und denen, die hier leben. Dass das nicht einfach wird, wusste man. Dass jede Schikane, jede unnötige Härte eines Polizisten die Annäherung zunichtemachen würde. Dass nach der Flucht des Drogenchefs und seiner Vertrauten noch etliche übrig sein würden, die zuvor als Falcão oder Drogenkurier ihr Auskommen hatten. Und jetzt?

Jetzt sind all die sozialen Probleme nicht gelöst, auf dem Asfalto müssen noch mehr Straßenhändler den Markt unter sich aufteilen. Und nicht alle ehemaligen Drogengangster haben Lust, auf Feuerzeugverkäufer umzuschulen. Die Zahl der Überfälle unten in Botafogo hat zugenommen.

Noch immer müssen Polizisten trainieren, die Beschimpfungen der Anwohner zu überhören, und manchmal gelingt es ihnen nicht, dann zeigen sie die rechtsferne Willkür der Vergangenheit, für die sie noch immer von vielen gefürchtet, von manchen verachtet werden.

Aber hier im zweiten Stock der Polizeiwache legt sich ein zehnjähriges Mädchen eine Geige auf die Schulter. Und die Chancen stehen ganz gut, dass es nicht mit fünfzehn Jahren im Opferschutzprogramm untertauchen muss wie Debora, die ich seinerzeit traf und die nur für mich Debora hieß.

Von der schmucklosen Terrasse aus blicken wir hinunter auf Botafogo. „Und, was denkst du über die UPPs?", frage ich Rosália. „Nossa, das hat zwei Seiten, nicht wahr? Ich wohne selbst in einer Favela, und seit vor fünf Monaten die UPP bei uns ihre Wache bezog, ist mein Leben ein anderes. Meine Mutter ist herzkrank, und es hat mir früher immer Angst gemacht, dass wir keinen Notarzt rufen konnten, wenn es ihr schlecht ging. Die kamen einfach nicht rein." „Und jetzt?" „Jetzt kommen welche. Jetzt haben wir aber auch diese Polizisten, die manchmal schlecht mit den Leuten umgehen. Am Wochenende gibt es Ärger, weil auf den Baile Funks die Musik zu laut ist und die Polizei einfach die ganze Party räumt.

Aber ich habe auch das erste Mal das Gefühl, in Rio zu leben. *In* dieser Stadt, nicht parallel zu ihr. Entendeu?"

Ein Anfang. Nichts weiter als ein Anfang sind diese UPPs, keine Frage. Und keine Frage, dass sie in der Zona Norte neue Gewalt produzieren. Weil sich mehr Drogenchefs dort nun um weniger Reviere streiten. Aber wer ein Jahr lang von jedem, den er danach fragte, egal, welcher Bildung, welchen Alters, welcher politischen Überzeugung, dieselbe Antwort bekam: Dem Regime der Gewalt ist nicht beizukommen, es gibt keine Lösung, es ist nicht zu ändern, selbst wenn wir zusehen müssen, wie es Rio zerstört – wer diese Antwort ein Jahr lang gehört hat, der begreift, was für ein Wunder es ist, hier oben auf dem Alto do Morro zu stehen. Auf einem Morro, der immer noch arm ist und verdreckt, in den Ecken nach Urin stinkt, aber der ein Stadtteil ist, von Rio de Janeiro.

Warum durfte ausgerechnet Santa Marta die erste freie Favela sein? Vielleicht, weil von Santa Marta schon einmal Bilder um die Welt gingen? 1996 war das, als Michael Jackson „They don't care about us" herausbrachte. Im Video tanzte er durch die Gassen von Santa Marta. Vielleicht sollen Bilder von Polizisten, die mit schwarzen Kindern spielen, eine Antwort auf diesen Vorwurf sein, und wieder um die Welt gehen. Diese Weltöffentlichkeit braucht Brasilien dringender denn je. Es nahen die Fußball-WM 2014 und Olympia 2016, und die Funktionäre haben Angst, dass sie alleine feiern, weil sich keiner getraut hat zu kommen. Dass die Betten in den neu gebauten Hotels, die Sitze in den Stadien leer bleiben, wie so viele in Südafrika. So haben die politischen Entscheider erkannt, dass sie handeln müssen, schon in ihrem eigenen Interesse. Wenn es denn eine Übereinkunft zwischen den Herrschern aus der Politik und den Herrschern aus der Favela gab, scheint sie nun aufgehoben. Hoffentlich für immer.

„Bleibst du noch zur Orchesterprobe?", fragt Rosália, im Raum hinter der Terrasse hantiert ein Dutzend Kinder mit Geigen und Celli, der Musiklehrer eilt von einem zum anderen, halb aus Begeisterung, halb aus Angst um die Instrumente. „Ich muss leider schon los. Morgen fliege ich zurück nach Deutschland, ich wollte das nur vorher einmal erlebt haben, hier oben hochzusteigen. Toll, dass ich dich getroffen habe." „Olha só", sagt Rosália, „ich schreibe dir meine Handynummer auf und meine E-Mail. Wenn du für dein Buch noch etwas brauchst, meldest du dich. Und wenn du das nächste Mal in Rio bist, kommst du bei mir vorbei." Ich knipse schnell noch ein Foto vom Ausblick. „Muito obrigada, das mache ich gern." Moment, da fehlte die nötige Emphase. „Das ist ja wahnsinnig nett! Ich bin verrückt danach, dich zu besuchen. In welcher Favela wohnst du denn?" „Auf dem Morro do Cantagalo, das ist oberhalb von Ipanema, praktisch wenn man ..." „Warte", ich lasse die Kamera sinken. „Musst du mir nicht erklären. Ich habe ein Jahr lang am Fuß des Morros gewohnt. Wir beide waren Nachbarn." Rosália drückt mich an sich: „Aí, meine Nachbarin! Welche Freude, Ffffo ..., wie heißt du noch mal?" „Frauke." „Oi?"

Dicas

Empfohlene Filme:

Tropa de Elite 2 (Brasilien, 2010), Fiktion, Regie José Padilha.
Im Kampf gegen das Regime der Milizen erkennt Coronel Nascimento, dass deren Köpfe an der Spitze der Gesellschaft stehen.

Bróder (Brasilien, 2010), Fiktion, Regie Jeferson De.
Die Lebenswege dreier Jugendfreunde kreuzen sich nach Jahren wieder.

Favela on Blast (Brasilien, 2009), Dokumentation, Regie: Dj Diplo, Leandro HBL.
Einblick in die Szene des Funk Carioca. Ebenso dynamisch wie der Beat.

Garapa (Brasilien, 2008), Dokumentation, Regie: José Padilha.
Dimensionen von Armut, plastisch gemacht: Nicht nur Kampf ums Überleben, auch Langeweile und Zahnschmerzen.

Dr. Aleman (Deutschland, 2008), Fiktion, Regie: Tom Schreiber.
Ein deutscher Medizinstudent kommt nach Kolumbien. Das pure Leben in der Favela wird für ihn zur berauschenden Bedrohung.

Tropa de Elite (Brasilien, 2007), Fiktion, Regie: José Padilha.
Der Krieg zwischen der polizeilichen Spezialeinheit BOPE und den Machthabern der Favelas: brutal, ausweglos und von Moral entkoppelt.

Cidade de Deus (Brasilien, Frankreich, USA, 2002), Fiktion, Regie: Fernando Meirelles.
In einer Favela am Rande Rios werden aus Kindern kleine Ganoven und schließlich skrupellose Drogengangster.

Ônibus 174 (Brasilien, 2002), Dokumentation, Regie: José Padilha.

Die Entführung eines Busses in der Zona Sul endet mit dem Tod einer Geisel und des Entführrers. Wie entsteht diese Gewalt?

Notícias de uma Guerra Particular (Brasilien, 1999), Dokumentation, Regie João Moreira Salles, Kátia Lund.

Rios Favela Santa Marta – Anwohner, Drogengangster und Polizisten zeichnen das Bild eines Krieges, den die Gesellschaft nicht sehen will.

Orfeu Negro (Brasilien 1959), Fiktion, Regie: Marcel Camus.

Orpheus und Euridike begegnen sich in einer Favela hoch über Rio. Mit Bossa von Tom Jobim und Luiz Bonfá.

Beispielhafte Musik:

Samba de Raiz:

Acreditar (Dona Ivone Lara/D. Carvalho) gesungen von Dona Ivone Lara.

Não deixe o Samba morrer (E. Conceição/Aloísio), gesungen von Alcione.

A Voz do Morro (Zé Keti).

Se você jurar (I. Silva/N. Bastos/F. Alves) gesungen von Beth Carvalho.

De qualquer Maneira (Candeia).

Tristeza (Niltinho/Haroldo Lobo) gesungen von Beth Carvalho.

Bossa Nova:

Chega de Saudade (Tom Jobim/Vinícius de Moraes).

Só tinha de ser com você (Tom Jobim/A. de Oliveira).

Berimbau (Baden Powell/Vinícius de Moraes).

Marchinha de Carnaval:

Noite dos Mascarados (Chico Buarque).

Ó abre Alas (Chiquinha Gonzaga).

Frauenversteher:

Bom Conselho (Chico Buarque), gesungen von Maria Bethânia.

Atrás da Porta (Chico Buarque), gesungen von Elis Regina.

Bewährte Musikschuppen, empfohlene Tage:

Comuna do Semente – Rua Joaquim Silva 138,
 Lapa – Samba, do/so

Clube dos Democráticos – Rua do Riachuelo 91,
 Lapa – Samba, do/fr

Carioca da Gema – Avenida Mem de Sá 79,
 Lapa – Samba, mo/Konzerte mit Teresa Cristina

Café Cultural Sacrilégio – Avenida Mem de Sá 81,
 Lapa – Samba

Trapiche Gamboa – Rua Sacadura Cabral 550,
 Gamboa – Samba, fr

Cristal Lounge – Rua Barão da Torre, Ipanema –
 House, sa

Morro da Urca – 1. Gondelstation zum Zuckerhut –
 House, unregelmäßig

Casa Rosa – Rua Alice 550, Laranjeiras –
 programmabhängig

Circo Voador – Rua dos Arcos 1, Lapa
 programmabhängig

Obrigada

Ralf, ohne den es dieses Buch nicht gäbe.

Steffi und Marc Blöbaum für Freundschaft und Fachwissen.

Flaviano Bugatti Isolan und Marcio Damasceno für die brasilianische Expertise in Berlin.

Júlia Dias Carneiro, Beatriz Velloso und Fábio Altman für Expertenwissen aus Brasilien.

Wibke Bergemann und Friederike Wyrwich für das kluge Redigieren.

Anja Joeckel für so viele fotogene Blicke auf Rio.

German Neundorfer als Lektor für Rückenstärkung zu allen Zeiten.

Den Internationalen Journalistenprogrammen (IJP).

Irmgard und Wilfried Niemeyer für alles.

Júlia, Tulio, Sonilda, Ana, Nelson, Pedro, Eduardo I, Eduardo II, Beatriz und Fábio, Claudia, Marcio, Gabriel, James und Henry, Mariana, Tânia, Hélio, Paulo, Paulo, Camilo, Carlos, João, Juliana, Alessandra, Marcelo I, Marcelo II und Marcelo III por me deixarem entrar em suas vidas.